colección

Derechos y Realidad

Rosales Fernández, Álvaro
El derecho constitucional de acceso a la autonomía de las nacionalidades y regiones en la actualidad : un aporte desde León / Álvaro Rosales Fernández. -- [León] : Servicio de Publicaciones, Universidad de León, [2024]
158 p. : il., mapas col. y b. y n. ; 24 cm. – (Derechos y realidad ; 3)
Índice de abreviaturas. -- Bibliogr.: p. 129-142
ISBN 978-84-19682-42-0

1. Descentralización administrativa. 2. Administración autonómica. I. Universidad de León. Servicio de Publicaciones. II. Título. III. Serie

342.25(460)
35.071.6(460)
353.9(460)

De acuerdo con el protocolo aprobado por el Consejo de Publicaciones de la Universidad de León, esta obra ha sido sometida al correspondiente informe por pares ciegos con resultado favorable.

Colección Derechos y Realidad. N.3

SERVICIO
DE PUBLICACIONES
UNIVERSIDAD DE LEÓN

Diseño y maquetación digitales de interior y cubierta:
Juan Luis Hernansanz Rubio (Área de Publicaciones de la Universidad de León)

ISBN: 978-84-19682-42-0
Depósito legal: LE-24-2024

Imprime: Lozano Impresores
Impreso en España - *Printed in Spain*
León, 2024

El derecho constitucional de acceso a la autonomía de las nacionalidades y regiones en la actualidad

Un aporte desde León

Álvaro Rosales Fernández

CONSEJO CIENTÍFICO

DERECHOS Y REALIDAD

*A mi familia, amigos y mentores, por mostrarme
siempre la roca de guía en el camino*

NOTA DEL AUTOR

La presente monografía representa una versión actualizada y mejorada del que fuera el Trabajo Final de Máster con el que concluyera en el año 2020 mis estudios de Abogacía. 3 años después, se hace necesaria una revisión de aquellos extremos que en aquel entonces quedaron abiertos por mor de las circunstancias políticas. De este modo, este libro, es, en síntesis, una segunda edición de aquel proyecto, que trata de colmar, además, el propósito de facilitar el seguimiento de la investigación por parte del lector.

Por ende, lo que en las siguientes páginas se trata, es de arrojar luz a una cuestión política y jurídica que todavía hoy es de actualidad, como representa la posibilidad de modificar los límites autonómicos creando nuevas Comunidades Autónomas, y, en este caso concreto, la de la Región Leonesa. De este modo, es importante destacar que, de así producirse, España afrontaría su primera alteración territorial desde el establecimiento del Estado de las autonomías. Esta cuestión, que realmente lleva en el tintero desde la transición, lejos de apagarse, ha cobrado especial fuerza a partir del mes de diciembre de 2019, enfrentándose a numerosos escollos. Entre ellos, los que aquí interesan, los jurídico-constitucionales.

En este sentido, pese a que la eventualidad de alterar el mapa autonómico no se encuentra regulado expresamente en nuestro ordenamiento jurídico, tampoco se encuentra proscrito. Ello obliga a realizar un profundo análisis a fin de dilucidar si es constitucionalmente factible. Para ello debe valorarse por un lado el alcance actual del principio dispositivo; y por otro, la virtualidad de las vías o procedimientos establecidos en el texto constitucional. De otro modo, deberá confrontarse esta cuestión con una eventual reforma constitucional del Estado Autonómico, así como desde una perspectiva estatutaria, valorando el encaje de estas pretensiones dentro del capítulo de las competencias autonómicas territoriales.

Todo lo anterior con la finalidad de descubrir al lector, si el mapa autonómico español está o no cerrado; y en caso de que se encuentre aún a día de hoy abierto, determinar cuáles serían las vías para producir una modificación.

León, Diciembre de 2023

ÍNDICE GENERAL
Y DE ABREVIATURAS

NOTA DEL AUTOR **13**

ÍNDICE GENERAL Y DE ABREVIATURAS **20**

PRÓLOGO **23**

CAPÍTULO PRIMERO: EL DERECHO DE ACCESO AL AUTOGOBIERNO REGIONAL **33**

I. El principio dispositivo en nuestro ordenamiento jurídico **36**

   1. Antecedentes históricos.. **36**

   2. Estudio de los artículos 2 y 143 CE **44**

      2.1. Contenido y requisitos **47**

      2.2. Límites **49**

   3. Las distintas vías de acceso a la autonomía **53**

      3.1. La "vía lenta" del artículo 143 CE................... **55**

      3.2. La "vía rápida" del artículo 151 CE **55**

      3.3. La cláusula estatal del artículo 144 CE **56**

      3.4. Las vías extraordinarias.................................. **57**

II. Agotamiento del Título VIII CE y reforma de la Constitución **58**

   1. El agotamiento normativo del principio dispositivo.............. **59**

      1.1. La modificación de los límites territoriales autonómicos.. **61**

      1.2. El dimanante conflicto normativo.................. **65**

   2. Los procesos de inconstitucionalidad del Estado autonómico.. **66**

      2.1. STC 89/1984 sobre la validez de los actos revocatorios **67**

      2.2. STC 100/1984 de inclusión de Segovia por interés general... **68**

      2.3. STC 99/1986 relativa al contencioso de Treviño **69**

      2.4. La inconstitucionalidad de una Comunidad Autónoma... **69**

3. "Reapertura" y reforma del Estado autonómico **71**

CAPÍTULO SEGUNDO: LA MODIFICACIÓN DE LOS LÍMITES AUTONÓMICOS POR VÍA ESTATUTARIA **75**

I. Asunción de competencias en materia territorial por parte de las Comunidades Autónomas **78**

   1. La integración de los Estatutos dentro del bloque de constitucionalidad **78**

   2. La delimitación territorial de las Autonomías del artículo 147.2.b) CE **80**

II. Modificaciones que afectan a los limites autonómicos **83**

   1. Anexiones y segregaciones -provincias y enclaves **83**

   2. Disoluciones y fusiones autonómicas **86**

   3. Creación ex novo de CCAA estatutariamente **90**

CAPÍTULO TERCERO: LAS VÍAS PARA LA CREACIÓN DE UNA AUTONOMÍA LEONESA **93**

I. Posibilidades jurídicas desde la Constitución **99**

   1. La invocación del capítulo autonómico -Título VIII, Capítulo III De las Comunidades Autónomas **101**

   2. Las mociones locales por la Autonomía de León **106**

   3. El referéndum consultivo estatal **110**

II. La reforma del Estatuto de Autonomía de Castilla y León **113**

   1. Inclusión de una vía específica para la segregación **114**

   2. Las consultas populares autonómicas **117**

III. La reforma de la Constitución Española **118**

   1. Inclusión de una Disposición concreta para León............... **118**

   2. Incorporación de la posibilidad de variar las unidades territoriales intermedias en el Título VIII............................ **119**

EPÍLOGO **121**

BIBLIOGRAFÍA **127**

ANEXO I: HACIA EL ESTATUTO LEONÉS **143**

ANEXO II: MOCIÓN POR LA AUTONOMÍA LEONESA PRESENTADA EN EL AYUNTAMIENTO DE LEÓN (APROBADA EL 27 DE DICIEMBRE DE 2019) **149**

ANEXO III: RECONOCIMIENTO A LA VIGENCIA DE LA REGIÓN LEONESA POR PARTE DEL GOBIERNO **155**

FIGURAS

Fig. 1.   Publicación en la Gaceta del Real Decreto de 30 de noviembre de 1833 .... **27**

Fig. 2.   Mapa provincial de Javier de Burgos de 1833 .... **37**

Fig. 3.   Mapa regional de Javier de Burgos de 1833 .... **38**

Fig. 4.   Pactos del Partido Republicano Federal de 1869 (1) **39**

Fig. 5.   Pactos del Partido Republicano Federal de 1869 (2) **39**

Fig. 6.   Mapa de León con las provincias de Palencia y Valladolid **41**

Fig. 7.   Hacia el Estatuto Leonés **43**

Fig. 8.   Mapa administrativo franquista de 1950 .... **44**

Fig. 9.   Regiones oficiales en 1978 y CCAA tras 1983 .... **46**

Fig. 10. Vía de acceso a la autonomía utilizada **54**

Fig. 11. Cambio en la denominación de Castilla y León por "León y Castilla" **73**

Fig. 12. Modificaciones territoriales contempladas en los EEAA **84**

Fig. 13. Presencia local de UPL y PREPAL en 2019 .... **107**

Fig. 14. Mapa de las mociones solicitando la Autonomía de León **107**

Fig. 15. Desglose votaciones moción por la Autonomía de León **108**

ÍNDICE DE ABREVIATURAS[1]

AP	Alianza Popular
ADP	Anuario de Derecho parlamentario
Art.	Artículo
ATC	Auto del Tribunal Constitucional
BNG	Bloque Nacionalista Galego
ATS	Auto del Tribunal Supremo
CC	Coalición Canaria
CCAA	Comunidades Autónomas
CCZZ	Ciudadanos Zamoranos
CE	Constitución Española de 1978
CEDA	Confederación Española de las Derechas Autónomas
Coord.	Coordinador
C's	Ciudadanos
DA	Disposición Adicional
Dir.	Director
DT	Disposición Transitoria
EAARr	Estatuto de Autonomía de Aragón
EAA	Estatuto de Autonomía para Andalucía
EAAs	Estatuto de Autonomía para Asturias
EACan	Estatuto de Autonomía para Cantabria
EACyL	Estatuto de Autonomía de Castilla y León
EALR	Estatuto de Autonomía de la Rioja
EAPV	Estatuto de Autonomía para el País Vasco
EARM	Estatuto de Autonomía para la Región de Murcia
Ed.	Editor
ENP	El Nuesu País (revista)
ERC	Esquerra Republicana de Catalunya
Fig.	Figura
Fj.	Fundamento Jurídico

---

[1] Según los criterios recogidos en Biblioteca CUNEF.

GAL	Grupo Autonómico Leonés
GRES	Grupo Regional Salmantino
Ibid.	Ibidem (en el mismo lugar)
IGN	Instituto Geográfico Nacional
INE	Instituto Nacional de Estadística
IU	Izquierda Unida
LO	Ley Orgánica
LOAPA	Ley Orgánica de Armonización del Proceso Autonómico
LORAFNA	Ley Orgánica 13/1982, de 10 de agosto, de Reintegración y Amejoramiento del Régimen Foral de Navarra
LORMR	Ley Orgánica 2/1980, de 18 de enero, sobre regulación de las distintas modalidades de referéndum
LOTGC	Ley Orgánica del Tribunal de Garantías Constitucionales de 14 de junio de 1933
Núm.	Número
P.	Página
PAL-UL	Partido Autonomista Leonés – Unidad Leonesista
PP	Partido Popular
PIDCP	Pacto Internacional de Derechos Civiles y Políticos
PNV	Partido Nacionalista Vasco
PREPAL	Partido Regionalista del País Leones
PSOE	Partido Socialista Obrero Español
REALA	Revista de estudios de la administración local y autonómica
REDC	Revista Española de Derecho Constitucional
RD-L	Real Decreto-Ley
RDP	Revista de Derecho Político
REP	Revista de Estudios Políticos
STC	Sentencia del Tribunal Constitucional
TC	Tribunal Constitucional

TRC	Teoría y Realidad Constitucional
UCD	Unión de Centro Democrático
UNLE	Unión Leonesista
UPL	Unión del Pueblo Leonés
UPZ	Unión del Pueblo Zamorano
UPSa	Unión del Pueblo Salmantino
USI	Unión Salmantina Independiente
Vid.	Vide (véase)
ZU	Zamora Unida

PRÓLOGO

PRÓLOGO

Tras más de cuatro décadas de vigencia de la Constitución, el análisis de la mayor parte del articulado constitucional ha encontrado respuesta en interpretaciones de diverso signo por parte de la jurisprudencia del Tribunal Constitucional y de la doctrina. Sin embargo, dichas interpretaciones no siempre han dado lugar a soluciones pacíficas. Es más, en ocasiones se han suscitado conflictos políticos por la ausencia de una expresa previsión constitucional, su ambigüedad en algunos extremos, o incluso, por la carencia interesada de desarrollo legislativo.

Acotando el análisis, se valorará un problema de encaje constitucional no tratado habitualmente; esto es, la posibilidad de alterar el mapa creando nuevas CCAA. La carencia de regulación expresa de nuestra Constitución contrasta con otros ordenamientos jurídicos, como sostiene Aguado (1997, p. 154). Así, "la variación de las unidades territoriales intermedias que conforman el Estado es una hipótesis habitual en el derecho comparado: la Constitución italiana en su art. 132.1 contempla la eventualidad de que se constituyan nuevas regiones. En los ordenamientos federales esta previsión es corriente (p. ej., art. IV, Sección III de la Constitución de EEUU, art. 29 L.F.B., art. 3.2 de la Constitución austríaca, art. 10 de la actual Constitución venezolana de 1961, o art. 1 ° de la Constitución belga reformada en mayo de 1993)".

La existencia de movimientos rupturistas con el Estado, como son el independentismo vasco y catalán, han eclipsado la existencia de otros problemas de encaje territorial que sí encuentran respuesta dentro de los límites constitucionales. De hecho, la aparición de las "razones de Estado" para frenar los separatismos periféricos, condicionaron la configuración del mapa autonómico interior, conculcando en no pocas ocasiones el principio dispositivo o de voluntariedad de estos territorios. En este sentido, Martínez Pérez, (2009, p. 1044), desarrolla esta idea citando al que fuera Ministro de la Administración Territorial de España: "Bajo las *"razones de estado"*, de Rodolfo Martín Villa, se escondía la línea argumental que pasaba por crear un centro fuerte frente a la periferia: *"aquí tenemos una serie de comunidades autónomas, digamos las periféricas, que pueden tener las tentaciones que tienen que ser compensadas por comunidades autónomas mesetarias que no las tienen [...] en ese sentido, una comunidad de Castilla y León sin León, me parecía que era una forma de debilitar a la comunidad"[2].*

Dicho principio dispositivo, se trata de una aportación teórica innovadora de la CE de 1978; aunque en parte, heredero de la Constitución Republicana de 1931. Dado que nuestra Constitución optó por dejar abierta la configuración del mapa territorial, éste principio vendría a suplir la carencia de determinación territorial; estableciendo ciertos requisitos para alcanzar el autogobierno, que daban ventaja a algunos territorios, como eran las Regiones históricas. Este hecho contrastaría con otros textos constitucionales donde expresamente se nombran a los sujetos que conforman el segundo nivel territorial -Estados federados o Regiones que integran el Estado- (Aguado, 1997, p. 138).

Sin embargo, hay que considerar, que realizar actualmente un análisis, sin valorar el papel determinante de los actores sociales y políticos es arduo imposible. Así, si bien el núcleo de la presente monografía pasa por "reabrir" el Título VIII, determinando su vigencia, y posibilidades actuales de reforma respecto al Derecho de acceso al autogobierno; se traerán a colación otros elementos[3] que condicionaron en inicio el proceso autonómico, y que, de manera análoga, hoy en día aún podrían hacerlo.

Asimismo, se debe tener en cuenta que los titulares del derecho a la autonomía eran las nacionalidades y regiones en abstracto, pero los concretos titulares de la iniciativa autonómica eran diputaciones y ayuntamientos, lo cual produjo una distorsión entre estos últimos y los depositarios del principio dispositivo y del derecho de acceso al autogobierno. Es más, si bien, tanto las preautonomías, como las Cortes Generales podían ejercer la iniciativa -DT 1ª CE y art. 144 CE respectivamente-, para Ruipérez (1987, p. 164), independientemente desde donde se ejerza ésta, se producirá una verdadera traslación de los territorios a los partidos, decidiendo ellos la iniciación del proceso.

A estas alturas, cabe plantear como elemento central, el caso concreto de la Región Leonesa, formada por las provincias de León, Zamora

---

2   Entrevista realizada a Rodolfo Martín Villa el 11-3-2004.

3   Tanto las preautonomías, los Pactos autonómicos de 1981 o la LOAPA (declarada parcialmente inconstitucional en la STC 76/1983), supusieron verdaderos límites no normativos o extrajurídicos al principio dispositivo. *Ibid.*, p. 140.

y Salamanca. Se refiere Ferrer (2018, p. 109-110) a las diferentes denominaciones de esta Región destacando Región de León o Región Leonesa, pero también la histórica Reino de León, el contemporáneo País Leonés, o León a secas. Emanada, por ende, del antiguo Reino de León, que se encontró diferenciada hasta 1983, año de la unión administrativa con 6 de las 8 provincias de Castilla la Vieja en la Comunidad de Castilla y León. Convirtiendo de facto, a León en la única Región histórica preexistente a la Constitución que no alcanzó su propia autonomía.

Fig. 1.- Publicación en la Gaceta del Real Decreto de 30 de noviembre de 1833.

Estas regiones, fueron creadas por medio del Real Decreto de 30 de Noviembre de 1833, el cual, vino a disolver los antiguos Reinos medievales, entre los que se encontraba el Reino de León -como Reino independiente del año 910 al 1230, y del 1230 al 1833 como Reino integrado dentro de la Corona de Castilla-, de modo que, en su art. 2 detalla las Regiones que componen el Estado y las provincias incluidas en cada una de ellas, siendo así que: "El reino de León (estará conformado) en las (provincias) de León, Salamanca y Zamora". Por tanto, no debemos confundir el Reino de León como Región histórica con el antiguo Reino de León, por aludir a periodos históricos distintos.

En relación a la creación de la Comunidad de Castilla y León, cabe destacar, que fue la última de todas en aprobar su Estatuto de Autonomía, resultando en la práctica una tramitación bastante más conflictiva de lo que esperaron sus artífices durante la fase preautonómica, habiendo perdido por el camino las provincias de Santander y Logroño[4], y con tres recursos de inconstitucionalidad[5] pendientes sobre su territorio, que, de haber prosperado, amenazaban al cumplimiento de los requisitos exigidos por la CE, con las importantes consecuencias que ello implicaba.

Resueltos dichos contenciosos, la consolidación de esta Comunidad no ha resultado nada sencilla. Cuestiones como la ausencia de sentimiento de pertenencia regional, la determinación de la capitalidad o la ubicación de las instituciones y organismos públicos han suscitado conflictos que aún hoy se reproducen. Sin embargo, tanto el centralismo evidente de una Comunidad de mayor extensión que Portugal -pero fuertemente despoblada-, como la existencia de diferencias entre las dos regiones que conforman la comunidad, han mantenido latente el debate sobre la segregación de la Región Leonesa de la comunidad, reivindicada históricamente, entre otros, por UPL[6].

---

4 De este modo, se configuraron las CCAA uniprovinciales de Cantabria y La Rioja (no sin oposición política), por medio de la LO 8/1981 para la primera y por medio de la LO 2/1982 para la segunda.

5 Así, León y Segovia intentaron por distintos métodos su escisión del ente Castellano y Leonés, dando como resultado las SSTC 89/1984 y 100/1984 respectivamente, mientras que entre el País Vasco y Castilla y León se siguió un contencioso por el Condado de Treviño que se dirimió en la STC 99/1986.

6 Su presencia ininterrumpida desde 1995 en Cortes no representa solo una anécdota -al suponer el único parlamento con partidos que abogan por la escisión de un territorio suyo-, sino la existencia de un problema de encaje territorial. Aunque Román (2013, p. 326), al describir el modelo de partidos de Castilla y León la consideró simplemente como un modelo de pluralismo moderado donde queda sitio, para el regionalista UPL, pero sin

Llegados a este punto, cuestionando sobre la posibilidad de crear nuevas CCAA hoy día, caben dos preguntas que la propia STC 89/1984 dejó de la siguiente forma en el tintero: "La presente Sentencia no puede pronunciarse sobre el problema de si la provincia de León puede o no segregarse, ahora o en el futuro, de la Comunidad Autónoma a la que pertenece en la actualidad, ni tampoco sobre cuál sería la vía a través de la cual podría alcanzar tal objetivo" (Fj. 1° in fine).

De esta manera la primera incógnita que cabe resolver es, si se puede considerar que el mapa territorial autonómico está o no cerrado -al producirse un agotamiento del Título VIII CE que limitaría la vigencia actual del principio dispositivo-; y la segunda, en caso de que sí resultase admisible alterar los límites territoriales autonómicos y crear nuevas autonomías, por qué vías sería posible llevarlo a cabo.

De considerar que el principio dispositivo ha decaído, la única posibilidad existente para crear nuevas Autonomías, pasaría por realizar una reforma constitucional del Título VIII, con las implicaciones que ello conlleva. Por el contrario, si se determinase que sí es posible realizar dichas alteraciones territoriales sin reformar la CE, el análisis deberá dirimir si resulta asumible invocar nuevamente la iniciativa autonómica por parte de territorios incluidos actualmente en alguna de las CCAA actuales, sin contar con la aquiescencia o permiso de dicho territorio; es decir, ejercerla prescindiendo de la fase de reforma estatutaria, para permitirla y alterar eventualmente su extensión territorial.

Sin embargo, incluso en el escenario de tener que establecer nuevos mecanismos -bien por medio de una reforma estatutaria, o bien, por medio de una reforma constitucional- porque se determinase que la CE no puede invocarse directamente; estas reformas podrían simplemente reafirmar la vigencia del principio dispositivo de un territorio determinado, para remitirse a los propios mecanismos que ya establece la CE[7], permitiendo a partir de entonces, su invocación.

En este sentido, el caso de León representa un punto de referencia sugerente no solo por el concreto interés que pueda tener la ciudadanía leonesa en una cuestión de actualidad; sino, porque puede aportar a este estudio teórico, una eventual aplicación práctica extrapolable a otros territorios. Tomando esta perspectiva, se confrontarán los requisitos que establecen los arts. 2 y 143 CE para acceder al auto-

---

destacar los anteriores hitos a los que se han hecho mención.

7   Esto es, las denominadas vías "lenta y rápida" de los arts. 143 y 151 CE respectivamente, la cláusula estatal del 144 y los procedimientos excepcionales de las DT y DA.

gobierno, con la iniciativa leonesa, para determinar, si se trata de un sujeto legitimado para ello. Sin obviar, claro está, el análisis resultante de las dos cuestiones centrales anteriormente planteadas.

Además, deberá traerse a colación el proceso autonómico Castellano y Leonés, para determinar otra doble cuestión que afectaría al actual planteamiento: ¿Podría haber sido inconstitucional CyL por incumplir los arts. 2, 143.1 o 145 CE? Y de ser así, ¿de qué manera podría afectar en la actualidad, a una eventual iniciativa autonómica leonesa? Esta cuestión no es baladí, pues durante la sustanciación de los recursos de inconstitucionalidad anteriormente referidos, hubo sectores que plantearon esta posibilidad[8], si bien, los recurrentes – AP-, obviaron plantear sus escritos en estos términos, por lo que el TC no se ha pronunciado sobre estos extremos.

Además de referirse a estas cuestiones, el estudio se centrará en las competencias territoriales autonómicas y, más en concreto, en cómo se puede estatutariamente, precisamente, alterar los límites territoriales de una Comunidad, incluso pudiendo llegar a dar lugar a Autonomías de nueva creación. Ya que, como expone Aguado (1997, p. 153), en relación a la peculiar situación jurídica de Navarra se debe tener en cuenta que: "Ahora mismo el propio ordenamiento prevé la posibilidad de que el mapa autonómico varíe, y no sólo mediante la correspondencia automática de agregaciones y segregaciones [esto es, que la porción territorial que eventualmente se segregue de una Comunidad se agregue ipsofacto a otra, supuesto contemplado en algunos Estatutos], sino también en el sentido, incluso, de originar nuevas CCAA".

Ahora bien, debe centrarse el estudio en cuáles serían las particulares especialidades y dificultades existentes en el caso leonés respecto de su Comunidad actual, sobre todo, por cuestiones de aritmética parlamentaria; pues como estima Salgado (2016, p. 548), los procuradores de las provincias leonesas podrían presentar una iniciativa de reforma al superar el tercio exigido en el art. 91 EACyL, pero no podrían aprobarla superando los dos tercios sin el apoyo de los procuradores castellanos. Todo ello debido a que el número de procuradores elegidos en 2022 correspondientes a la XI legislatura fue de 81, siendo elegidos por las provincias de León, Zamora y Salamanca 30 de ellos; mientras que los 51 restantes se corresponden con las provincias castellanas.

---

8   Sobre la posibilidad de plantear un recurso contra el EACyL respecto al Derecho autonómico de León *vid.* Salgado (2016, p. 540).

En definitiva, y como colofón a todo lo anteriormente expuesto, lo que en puridad cabe valorar y reflexionar ante la lectura de este libro, es si realmente todo se trata de una cuestión de mera voluntad política, o, por el contrario, se estaría ante un conflicto jurídico-constitucional que requiere de mayor análisis y respuesta por parte de todos los actores implicados.

CAPÍTULO PRIMERO.

EL DERECHO DE ACCESO AL
AUTOGOBIERNO REGIONAL

EL DERECHO DE ACCESO AL AUTOGOBIERNO REGIONAL

La organización territorial del Estado en España ha sufrido numerosas alteraciones a lo largo de nuestra historia, y tratar de simplificarlo en unas pocas líneas resulta una quimera. Sin embargo, sí que se puede exponer, de manera sintetizada, que el sistema que ha gozado de mayor tradición en la historia constitucional ha sido el centralista.

Ahora bien, no es el cometido de esta investigación realizar un análisis histórico de los diversos sistemas que ha adoptado el constitucionalismo español. Sino exponer brevemente, la importancia que supuso que durante la transición se optara por elegir un sistema alternativo como son las CCAA. Este sistema se ha venido considerado intermedio entre el centralista y el federalista; aunque en todo caso, se trata de un sistema esencialmente descentralizado.

En este sentido, es el art. 137 CE el que establece que "El Estado se organiza territorialmente en municipios, en provincias y en las Comunidades Autónomas que se constituyan". Tornos (2018, p. 1897), sobre este artículo, que abre el Título VIII CE, expone que establece genéricamente el sistema de organización territorial del Estado español, configurándose en torno a los tres citados entes. Sin embargo, entiende que la correcta interpretación de este artículo debe estar en conexión con el art. 2 CE. Sobre las Comunidades, ciertamente, podemos observar cómo se realiza una configuración *ad futurum,* dado que no existían al momento de promulgarse la Constitución.

Pero antes de responder a la pregunta de qué son jurídicamente las novedosas CCAA, hay que acudir al art. 2 CE, que da sentido a todo el Título Territorial. En este sentido, tras reafirmar la unidad de la nación española aparece un segundo elemento que da sentido a dicha unidad: el reconocimiento del derecho a la autonomía de las nacionalidades y regiones que integran España.

Para Aja (2018, p. 121 y 122) es necesario recurrir a una perspectiva de análisis más amplia, histórica y constitucional, por el propio contexto en el que se desarrolló el debate constitucional. En este sentido, entiende que la idea de lograr aprobar un texto que zanjase los grandes conflictos dominó la elaboración de la CE. Así, entre los grandes problemas se encontraba precisamente el de la organización territorial del Estado. El cual, había generado gran parte de los conflictos internos de los dos últimos siglos.

I. EL PRINCIPIO DISPOSITIVO EN NUESTRO ORDENAMIENTO JURÍDICO

Sin embargo, como se expuso en el prólogo, el reconocimiento de la descentralización garantizando el autogobierno regional, se realizó con una peculiaridad, al no explicitarse que territorios eran estas nacionalidades o regiones.

Con la finalidad de suplir esta carencia deliberada de determinación territorial del mapa regional, se configuraría este principio novedoso. El cual, entendido con ciertos matices, como son sus antecedentes, requisitos y límites, daría lugar a la configuración posterior del mapa autonómico del Estado español.

El principio dispositivo o de voluntariedad, puede definirse en palabras de Fossas (2008, p. 152) como "un principio estructural básico de nuestra Constitución referido a la organización territorial del poder, uno de los principios constitucionales cardinales y probablemente la característica más singular de la CE. Su incorporación al texto constitucional fue una *opción consciente* adoptada en el proceso constituyente, fruto del consenso, e inspirada en la Constitución de 1931". De otro modo, su característica fundamental estriba en que se atribuye a las citadas entidades territoriales el derecho al autogobierno, pero remitiendo todo el procedimiento a "unos poderes constituidos mediante su «desconstitucionalización» parcial, introduciendo así una apertura en aquella organización, que de este modo se ve sometida a permanente discusión y definición desde la aprobación del texto constitucional".

1. Antecedentes históricos

En primer lugar, hay que acudir de nuevo al art. 137 CE, el cual además de a las CCAA, de nueva creación, se refiere al autogobierno de las provincias. Estas últimas, fueron configuradas por el citado Real

Decreto de Javier de Burgos de 30 de noviembre de 1833[9], habiendo llegado a nuestros días sin apenas sufrir alteraciones. Destacando como principal modificación que ha sufrido el mapa provincial la división de la provincia de Canarias en dos -Tenerife y Gran Canaria- en 1927[10].

Asimismo, será el art. 141 CE el que las defina y determine el alcance de dicho autogobierno. Destacando el hecho, de que para la alteración de los límites provinciales sí se refleja un procedimiento, que remite a una reserva de Ley Orgánica.

Fig. 2.- Mapa provincial de Javier de Burgos de 1833.
Fuente: Elaboración de Chao y González (2006).

Sin embargo, si respecto al mapa provincial no se suscita ningún elemento de debate o duda, respecto al mapa regional existen fuertes discrepancias. En este sentido, cabe destacar que el mismo Real Decreto, configuraría además las 15 citadas Regiones Históricas, en las que se agruparían las 49 provincias de entonces.

---

9   Sobre la importancia de esta división y su perdurabilidad se refieren Olcina y Farinós (2017, p. 116).

10   *Ibid.*, pp. 116 y 118.

Fig. 3.- Mapa regional de Javier de Burgos de 1833. Fuente: Ibid.

La mencionada distribución regional y provincial supuso el fin de los antiguos reinos medievales, y la configuración de una distribución territorial moderna, aunque eminentemente centralista[11]. Si bien, ello no impidió que dicha organización territorial sirviera de base para el intento de Federalización de la *non nata* Constitución de la I República, y fuera utilizado, asimismo, en la configuración de Estado Integral de la Constitución de la II República de 1931.

En el proyecto republicano del siglo XIX, corrió serio peligro la Región de León, puesto que se le pretendía englobar dentro del estado federal de Castilla la Vieja (Chao, 2022, p. 137). Aunque el hito más destacado por parte de algunos sectores del castellanismo es el proyecto del Partido Republicano Federal. En este sentido, se remarca el Pacto Federal de Valladolid, dado que en él se incluía a la Región Leonesa como parte de la "Gran Castilla". Pero se obvia que fuera un pacto de partido, y que, celebraran otros cuatro pactos, agrupando en torno a ellos el resto de las regiones españolas. Además, este pacto no se produjo sin oposición, puesto que los representantes de

---

11 "Irónicamente, el «Reino de León» se delimita con precisión cuando el Estado español busca su propia consolidación y pretende aniquilar su diversidad constitutiva" (Otero et al., 2021, p. 173).

dicho partido en León buscaron encaje con la zona noroeste, como expone Serrano (1985, p. 256).

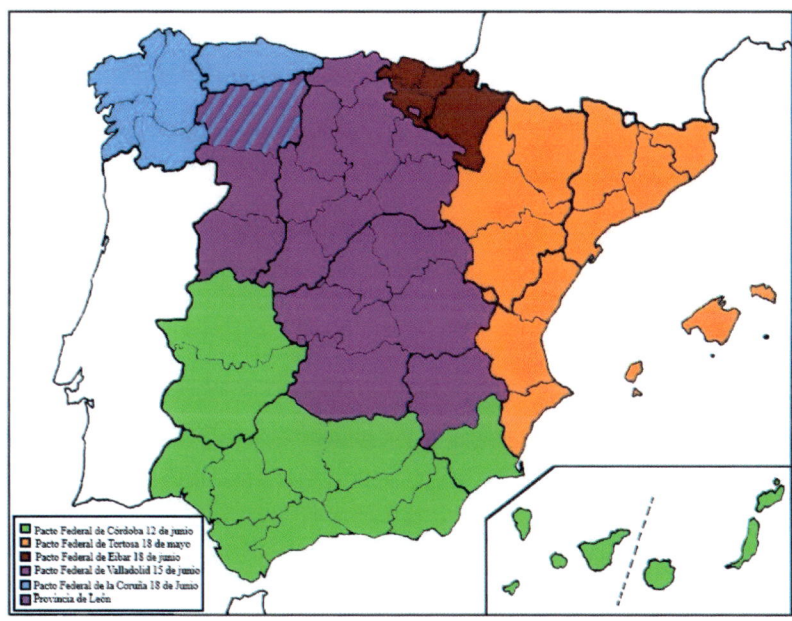

Fig. 4.- *Pactos del Partido Republicano Federal de 1869 (1).*
Fuente: Elaboración propia.

Pacto Federal	Fecha	Ámbito territorial
Pacto Federal de Tortosa	18-mayo-1869	Cataluña, Valencia, Aragón y Baleares.
Pacto Federal de Córdoba	12-junio-1869	Andalucía, Extremadura y Murcia[b].
Pacto Federal del Valladolid	15-junio-1869	Provincias de Castilla la Vieja y Castilla la Nueva.
Pacto Federal de la Coruña	18-junio-1869	Galicia y Asturias.
Pacto Federal de Eibar	18-junio-1869	Vascongadas y Navarra.
PACTO FEDERAL NACIONAL	30-julio-1869	ESTADO ESPAÑOL

[b]: Al Pacto Federal de Córdoba se adherirá finalmente también las Islas Canarias. Vid. La Discusión. Madrid, 4-9-1869.

Fig. 5.- *Pactos del Partido Republicano Federal de 1869 (2).*
Fuente: Cruz (2016, p. 15).

Hay que detenerse ahora en la Constitución integral republicana de 1931, dado que el principio dispositivo de la CE encontró su inspiración en el texto de la experiencia constitucional republicana. En este sentido, dicha Constitución también "desconstitucionalizaba" la configuración territorial del Estado, dejando la decisión en manos de los territorios.

Sin embargo, la experiencia republicana dejó diferencias esenciales respecto a la vigente Constitución. Así, el acceso al autogobierno regional se configuraría sin hacer distinciones entre nacionalidades y regiones -arts. 1 y 8-, ni creando una denominación novedosa como son las CCAA. Pero las mayores divergencias se encontraron en las propias vías para acceder a la autonomía regional, ya que, mientras en la transición existieron numerosas fórmulas para acceder al autogobierno, en la Constitución Republicana solamente se configuró un único procedimiento -arts. 11 y 12- para acceder a la autonomía, el cual además conllevaba celebrar un referéndum confirmatorio.

Por otro lado, y en consonancia con lo investigado en el presente trabajo, se configuró una fórmula de revocabilidad de la autonomía -art. 22-. La cual, permitía, que cualquiera de las provincias incluidas dentro una región autónoma o parte de la región podía renunciar a su régimen y volver a vincularse al poder central; siempre que lo solicitasen la mitad de los ayuntamientos y lo ratificasen dos tercios de los electores. Como vemos, esta posibilidad no impedía que posteriormente dichas provincias volvieran a solicitar un régimen autónomo diferente al que habían gozado; por lo que podría entenderse como un paso previo para formar nuevas regiones autónomas.

Ahora bien, desde el punto de vista político también existieron diferencias importantes que contextualizan lo ocurrido durante la breve experiencia republicana. Por ejemplo, no se dotó de régimen preautonómico a todo el territorio, ni existieron presiones políticas para generalizar el autogobierno a toda la nación, sino que cada una de las regiones iría accediendo gradualmente y de manera acorde a sus necesidades a la autonomía. De hecho, y como se acaba de ver, no se veía como una situación indeseable que existieran territorios que dependieran del poder central.

Aunque, el elemento más importante que interesa es aquel de la determinación del mapa territorial. Si en el ordenamiento jurídico de la transición no existían normas que explicitasen cual es el mapa regional, en la Segunda República sí hubo una excepción.

De este modo, la propia Constitución en el art. 122 al referirse a la composición del Tribunal de Garantías Constitucionales, establece que habrá "un representante por cada una de las Regiones españolas en la forma que determine la ley". Y a la duda que se suscita sobre cuales eran dichas regiones, responde la LOTGC, estableciendo que para que las regiones no autónomas tengan representación, se fijarían las mismas. Así, el art. 11.2 de la citada ley da carta de naturaleza a las 15 regiones históricas establecidas en el citado Real Decreto de Javier de Burgos de 1833, con sus respectivas provincias, encontrándose entre ellas la Región de León, formada por las provincias de Salamanca, Zamora y León. Precisamente al hilo de la configuración de la Región de León, en la mencionada ley, se suscitó un debate parlamentario acerca de sí Palencia y Valladolid formaban parte de esta, o de Castilla la Vieja. Ello se debía a que la parte occidental de ambas, antes de la división provincial de 1833, se había circunscrito al Reino de León (Chao, 2021, p. 136); y como expone Ferrer (2018, 48), "que durante el siglo XIX se estudiaran las cinco juntas, obedece más a una división correspondiente al llamado «Antiguo Reino de León», una idea de la edad moderna de un territorio que comprende aproximadamente el espacio de estas y que queda así en la tradición española".

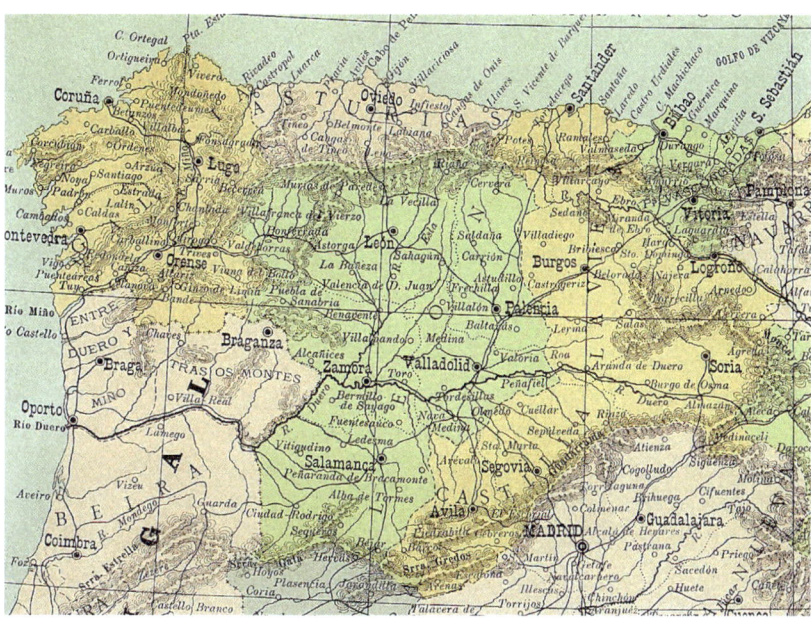

Fig. 6.- Mapa de León con las provincias de Palencia y Valladolid.
Fuente: Elaboración de Valverde (1870)[12]

De esta manera, y tras someterse a votación la enmienda, con resultado de 90 votos a favor y 11 en contra, se excluyeron a ambas

---

12 *Apud* Chao y González (2006).

provincias de la Región de León, incluyéndose finalmente en Castilla la Vieja[13].

Es difícil especular sobre que habría ocurrido en materia territorial, de no haber caído abruptamente la II República a causa de la Guerra Civil y posterior Dictadura. Ya que, como entiende Diego (2017, p. 139) la contienda, fundamentalmente, impidió desarrollar el debate regional que empezaba a darse en aquellos años y la consecuente consolidación de una España regionalizada. Es más, el debate autonómico también se reavivó en León y en las dos Castillas durante la república. De modo que, las derechas de la CEDA se posicionaron a favor de un Estatuto conjunto para León y Castilla la Vieja, pese a que ello podría entrar en contradicción con el art. 13 de la Constitución Republicana. Mientras que a favor de un Estatuto para León se posicionó públicamente el conocido abogado salmantino y residente en Madrid, Mariano García Isidro en mayo de 1936; además del Partido Republicano Radical Socialista.

Cabe cuestionarse, desde la experiencia actual, cuál de los dos proyectos estatutarios gozaba en aquel momento de mayores visos de prosperar; ya que, a diferencia de lo ocurrido en la transición, el apoyo popular se antojaba fundamental, pues debían haberse sometido a un referéndum confirmatorio. De haber prosperado el último, es probable que, durante la transición, el proceso autonómico hubiera muy sido distinto.

Sin embargo, este horizonte se cerró durante la dictadura, ya que uno de los rasgos característicos del franquismo fue el celo centralista, pues, como expone Martínez Pérez (2009, p. 1034-1035): "Las regiones franquistas fueron divisiones administrativas –nunca políticas– nada uniformes. Probablemente la incoherencia en las divisiones regionales franquistas fuera una forma de intentar reducir o acabar con los nacionalismos o los regionalismos. (…) Tratar de invocar una clasificación adecuada, que tuviera lugar durante la dictadura franquista, en la que se vieran reflejados los leoneses es algo equivocado, porque las hay de todo tipo". Sin embargo, incluso en aquel contexto autocrático, aparecía la Región Leonesa como entidad regional diferenciada de Castilla.

---

13 Sobre estos extremos y la configuración del Tribunal de Garantías, se refieren, de nuevo Ferrer (*Ibid.*, pp. 54-58), y Diego (2017, p. 61-66 *passim*). Exponiendo como se desarrollaron los comicios para elegir a los vocales regionales de cada territorio. Siendo elegidos finalmente, en representación de la Región Leonesa, Francisco Alarcón Robles como titular y Vicente Tomé Prieto en calidad de suplente. Ambos representantes pertenecían al partido político CEDA.

Fig. 7.- Hacia el Estatuto Leonés. Fuente: García Isidro (1936)[14]

14　El texto íntegro aparece transcrito por Diego (2017, pp. 69-72) el cual se reproduce aquí en el anexo I.

Fig. 8 .-Mapa administrativo franquista de 1950.
Fuente: Elaboración del IGN (1950).

2. Estudio de los artículos 2 y 143 CE

Parece que la vinculación entre este artículo, y el preámbulo de la Constitución es evidente: "La Nación española, (...), proclama su voluntad de: (...) Proteger a todos los españoles y pueblos de España en el ejercicio de los derechos humanos, sus culturas y tradiciones, lenguas e instituciones". En cualquier caso, existe un fuerte debate doctrinal acerca del contenido de este precepto. Sobre si se trata de una garantía institucional o de un derecho público subjetivo. Y, de si al momento de aprobarse la Constitución existía o no algún mapa que vinculase de modo alguno al constituyente. Sobre lo segundo, no se refiere a una alusión expresa dentro del texto constitucional, lo cual es claro que no existe, pues deliberadamente se excluyó dicha posibilidad. Sino, solamente rasgos o reconocimientos implícitos que condicionasen de la posterior configuración territorial.

Sobre dicha regulación indefinida, en cambio, Aja (2018, p. 123) destaca que una de las explicaciones viene dada porque los partidos no tenían una opción clara. De manera que, no solo no se decide sobre el territorio, sino que tampoco se tiene claro si la descentralización se generalizará, ni cuantas CCAA se crearán finalmente. En este sentido, parte de la doctrina expone que, pese a la existencia de un reconocimiento explícito a las nacionalidades y regiones, y su derecho al autogobierno en el art. 2 CE, no se estaba reconociendo implícitamente la preexistencia de ambas. Sino, que lo que se establecía era una garantía constitucional al autogobierno autonómico una vez se constituyera esta, como expone Bartolomé (2018, p. 6). Es decir, se configuraría *ad futurum*. No se reconocería el derecho a la autonomía a las regiones que conformaban España al momento de promulgarse la CE, sino que aquellos territorios que se constituyesen en CCAA verían garantizado su autogobierno a partir de ese momento. Así, como prosigue Bartolomé para este sector doctrinal lo que el art 2 CE "no parece reconocer es un derecho –en el sentido técnico del término- a acceder a la autonomía", de modo que para Otto y Pardo[15], previamente a los EEAA no existen nacionalidades ni regiones titulares de un derecho subjetivo, entre los que tampoco cabe dotar de tal derecho ni a las preautonomías; por lo que no se tuvo en cuenta mapa alguno que prejuzgase el devenir autonómico. Por otro lado, Pérez Calvo[16] señala de la misma manera que el sentir literal de dicho artículo se refiere al futuro y no al pasado, momento en el cual, dichos sujetos se configurarán como tales una vez aprueben su Estatuto.

Para Fossas (2008, p. 152), en cambio, la esencia del principio dispositivo consiste precisamente en atribuir a ciertas entidades territoriales el derecho a la autonomía del art. 2 CE, dotándoles de una capacidad decisiva en la configuración territorial que como hemos expuesto, no llevó a cabo expresamente la Constitución. Así, se refiere a una "desconstitucionalización" parcial, en tanto que este principio abre dicha organización. Pero, como se verá más adelante, esta apertura producirá la permanente discusión de nuestra organización territorial, posibilitando debates como el que están tratando precisamente en esta investigación.

Por otro lado, García Roca (2015, pp. 400 y 401) sostiene vehementemente que "conforme al art. 2, la autonomía es un verdadero derecho de las nacionalidades y regiones y no una concesión o licencia tanto atribuible como revocable por la voluntad del Estado. Estamos además ante un derecho que se reconoce lo que parece dar a entender la existencia previa a la norma constitucional de unos entes histó-

---

15 Otto y Pardo, I. *Apud. Ibid.*

16 Pérez Calvo, A. *Apud. Ibid.*

ricos titulares de ese derecho a la autonomía que la Constitución reconoce y que sustancia en el autogobierno".

En esta misma línea se encuentran Salgado (2016, p. 542) y Fossas[17], al disociar el trato diverso que da la Constitución a los términos región y nacionalidad de CCAA. El hecho de que se diferencie entre las primeras y las CCAA no es casual, sino que responde a la necesidad de separar temporalmente ambos. Así al entrar en vigor la CE existían unos entes históricos a los que se reconoció este autogobierno. Sin embargo, al "desconstitucionalizar" su acceso al autogobierno, posponiéndolo en el tiempo, se produjo también su indefinición territorial.

No hay duda de que indirectamente se quería reconocer a estos entes, denominados en ocasiones regiones históricas, ya que pese a no tener sustrato administrativo pasaron en su mayor parte a configurar las CCAA, a excepción de aquellas del centro peninsular, precisamente donde más se conculcó el principio dispositivo.

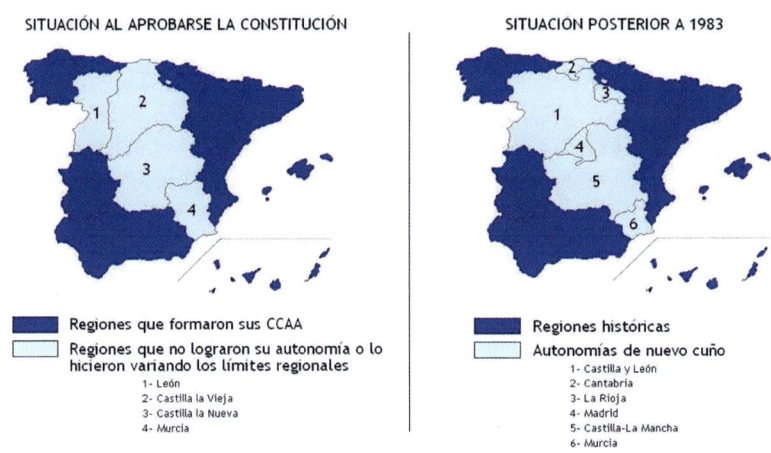

Fig. 9.- Regiones oficiales en 1978 y CCAA tras 1983.
Fuente: Elaboración de Salgado (2016, p. 544)

Sobre reconocimientos implícitos a la existencia de dichas regiones del Real Decreto de Javier de Burgos se refiere ampliamente Salgado (2016, pp. 530-533), al encontrarse determinadas explícitamente todas ellas en una serie de "Tratados ratificados por España con varios países europeos en los años de la Transición, como Austria[18],

---

17   Fossas Espadaler, E. *Apud. Ibid.*

18   BOE. 20 de diciembre de 1977, núm. 303, p. 27732. *Apud. Ibid.*, p. 531.

Suiza[19] o Italia[20]", entre las que se encontraba lógicamente la Región de León. Precisamente, donde también aparecía dicha región diferenciada fue en las estadísticas oficiales del INE hasta la aprobación del EACyL en 1983[21].

2.1. Contenido y requisitos

Es cierto que el artículo 2, de difícil interpretación, debe complementarse con el art. 143 CE, el cual da sentido al capítulo autonómico. Por tanto, para integrar el debate suscitado en el anterior apartado, lo que debemos cuestionarnos ahora, es qué territorios podían configurarse en CCAA y cómo debían alcanzar tal objetivo.

Como explica Jiménez (2018, pp. 1977 y 1978) su contenido es doble. Mientras que su primer apartado, señala quiénes y cómo pueden ejercer el derecho al autogobierno de acuerdo al art. 2 CE; los siguientes apartados regulan el denominado procedimiento de acceso general a la autonomía. Así, la autonomía está dirigida sustancialmente a las provincias, bien en agrupaciones de territorios limítrofes con ciertas características comunes, o de manera individual cuando se fundamente en una entidad regional histórica, además de los territorios insulares. Sin embargo, como se verá posteriormente, esta disposición no incluye a todos los entes territoriales que pueden acceder a la autonomía. Pues la Constitución también abre dicha posibilidad a territorios que no ostentan la condición de provincia, ni tienen carácter regional, en el art. 144 CE.

De este modo, este precepto vino a suplir la indefinición contenida en el art. 2 CE, en la medida que daba contenido a dichas nacionalidades y regiones. Pues, cómo valora Jiménez: "El primer apartado determina los criterios que permiten identificar los sujetos que pueden constituirse en Comunidades Autónomas. Viene a corregir la falta de concreción del art. 2 CE que, al reconocer a nacionalidades y regiones el derecho a la autonomía, no aclara cuáles son aquellas,

---

19 BOE. 17 de marzo de 1976, núm. 66, p. 5465. *Apud. Ibid.*, p. 532.

20 BOE. 22 de diciembre de 1980, núm. 306, p. 28181. *Apud. Ibid.*, p. 532.

21 Para más, ver INE (FONDO DOCUMENTAL): *Desarrollo de los límites y posición geográfica de las regiones y provincias,* publicado en el Anuario de 1982 (consultado el 29/11/2019) en el siguiente enlace: https://www.ine.es/inebaseweb/pdfDispacher.do?td=132732&ext=. pdf e INE (FONDO DOCUMENTAL): *Población de hecho y densidad, por regiones históricas (Península e Islas Baleares y Canarias),* publicado en el Anuario de 1982 (consultado el 29/11/2019) en el siguiente enlace: https://www.ine.es/inebaseweb/pdfDispacher. do?td=132780&ext=.pdf

y, por lo tanto, no especifica quienes son los sujetos del derecho. El art. 143.1 suple esa carencia estableciendo las condiciones que han de cumplir los sujetos territoriales para ser capaces de manifestar voluntad de creación de nuevas instancias de poder".

Sin embargo, si se centra el foco en aquellos territorios en los que directamente reposaba el principio de voluntariedad, puede observarse cómo existen una serie de condicionantes que hacían inviable que cualquier agrupación arbitraria de provincias accediera a la autonomía. Lo mismo que tampoco podía darse cualquiera uniprovincial. Es decir, como entiende Fossas (2008, p. 152) no es equivalente la titularidad de la iniciativa autonómica, con el ejercicio del derecho a la autonomía. Este hito, lo expuso con claridad la STC 100/1984 al hilo de la inclusión de Segovia en CyL en su Fj. 2º: "Es necesario no confundir el derecho a la autonomía que la Constitución reconoce y garantiza a «las nacionalidades y regiones» que integran la Nación española (art. 2) y que conectado con el 143.1 (…) consiste en el derecho a «acceder a su autogobierno y constituirse en Comunidades Autónomas (…) con el derecho a la iniciativa autonómica".

Por ende, que en todas las provincias resida la titularidad para ejercer la iniciativa, no deriva directamente un derecho a formar ni su propia CCAA uniprovincial, ni tampoco que cualquier agrupación de provincias pueda serlo. Sino que deben apreciarse una serie de requisitos adicionales.

Visto lo anterior, podríamos considerar que el nexo de unión entre los titulares del derecho al autogobierno y la titularidad del ejercicio de la iniciativa autonómica pasa precisamente por cumplir estos requisitos. Así serían titulares del derecho a la autonomía los entes territoriales enumerados en el art. 143 según García Roca (2015, pp. 397 y 398):

- "«Provincias limítrofes con características históricas culturales y económicas comunes»; tanto nacionalidades como regiones.
- «Territorios insulares»: Baleares y Canarias.
- «Provincias con entidad regional histórica». Es decir, las llamadas «regiones uniprovinciales»: Asturias, Murcia, Cantabria, Baleares y la Rioja".

Como se expone seguidamente en el Fj. 5º de dicha sentencia, en el caso de las CCAA uniprovinciales, son las Cortes Generales las que han de verificar si "concurre el requisito que el 143.1 de la CE exige al respecto, esto es, si se trata de una provincia «con entidad regional histórica»". Pero también en el caso de la formación de CCAA pluriprovinciales, son las mismas Cortes, las que han de verificar si cumplen el requisito de ser provincias limítrofes, con características históricas, culturales y económicas comunes. De esta manera, en el momento en el que una iniciativa autonómica pasase el filtro de control del Congreso, es cuando se determinaría que el titular de la iniciativa adquiere también la titularidad del art. 2 CE.

Ahora bien, si la condición de ser provincias limítrofes no conllevaba ninguna dificultad práctica; el resto de condiciones apriorísticamente sí que podían generar conflictos. El escepticismo en este extremo del exdiputado Letamendia[22] fue premonitorio: "¿Quién juzga si las provincias limítrofes tienen características históricas, culturales y económicas comunes?". Finalmente, este extremo tampoco generaría complicaciones en la práctica. Bien porque la mayor parte de las iniciativas autonómicas coincidían con las regiones preexistentes a la CE, o bien, porque representaron fielmente los intereses políticos e indicaciones establecidas en los Acuerdos autonómicos de 1981.

2.2. Límites

Los límites al acceso de un determinado territorio al autogobierno son dobles. En primer lugar, *sensu contrario*, el no cumplir con los requisitos del art. 143, implicaba no ostentar la condición de nacionalidad o región, y por ende carecer de dicho derecho al autogobierno. Mientras que, en segundo lugar, encontramos los verdaderos límites al principio dispositivo; que durante el proceso autonómico fueron desplegados en más de una ocasión. Respecto al primero, cabe añadir, que hubo una excesiva laxitud por parte de las Cortes Generales a la hora de comprobar dichos requisitos y dar impulso a la siguiente fase de las iniciativas autonómicas; lo cual tiene su explicación en la necesidad de dar por zanjado el debate territorial lo más prontamente posible[23], y evitar conflictos políticos en un ambiente ya de por sí tenso tras el Golpe de Estado del 23F de 1981.

Más allá va Ferrer (2018, p. 9), expresando con contundencia como el Golpe de Estado fue un factor decisivo para arrebatarle la autonomía a la Región Leonesa. Ya que supuso la deserción en masa de socios del Grupo Autonómico Leonés, solicitando que se destruye-

---

22 Letamendia, F. *Apud.* Jiménez (2018, p. 1978).

23 Aja (2018, p. 124).

ran sus datos de afiliación y el resto de documentación; mientras que, sin contrapesos políticos, entre 1981 y 1983 se remataría el Estado autonómico con la creación de CyL mediante un pacto entre Calvo Sotelo y Felipe González, basándose en las ideas de Martín Villa. Es más, entiende que esta comunidad fue una prenda a pagar a los propios golpistas y a quienes les legitimaban, al decir no a la Región Leonesa y decirle sí a crear tapones contra el nacionalismo, como eran entendidas las Comunidades Autónomas Castellana y Leonesa, y la Castellana-Manchega.

Como límite normativo al principio dispositivo en la CE encontramos la contraposición a la voluntariedad representada por el principio imperativo. El cual fue incluido en el art. 144 con la finalidad de evitar "situaciones indeseables" en aras del interés general. Respecto al cual, se referirá concisamente el siguiente apartado al desgranar las distintas vías de acceso a la autonomía.

Otro límite fue la introducción de la prohibición de federación entre CCAA del art. 145.1. Respecto a este precepto, caben interpretaciones muy diversas. Una, es que se refiera a una limitación en la creación inicial de las CCAA, con la finalidad de impedir la unión de diferentes regiones en un solo ente. Otra, que se trate de una prohibición de federación, que no unión, *ad futurum*, una vez se hayan configurado las CCAA.

Si tenemos en cuenta el debate anteriormente suscitado sobre la dualidad de términos entre regiones y CCAA, la literalidad del precepto invita a pensar que se trataba de una prohibición *ad futurum*. Puesto que las Cortes Generales ya debían haber efectuado el control constitucional de los requisitos del art. 143.1 CE. Y por tanto, lo que se trataba es de impedir la creación de un tercer nivel administrativo entre Estado y CCAA como entiende González García (2018, p. 138).[24]

Es más, prosigue González García[25] refiriéndose a otro sector doctrinal, el cual ha visto incluso en la formulación literal, un rechazo explícito al federalismo, previniendo una eventual vulneración del principio de unidad territorial, motivo por el cual se ha calificado a este precepto de redundante e innecesario. Incluso, se habría argumentado sobre la supresión de este apartado puesto que existen determinados EEAA que permiten la fusión de CCAA. Aunque como

---

24 Así lo entiende González García (2018, p. 138).

25 *Ibid.*, pp. 127 y 128.

él valora, estas concretas disposiciones se refieren a "la alteración de los límites territoriales de determinadas Comunidades Autónomas como consecuencia lógica de la racionalización de un mapa autonómico susceptible de mutación y mejora. En ningún caso constituyen alianzas federativas de Comunidades Autónomas incompatibles con las previsiones del artículo 145.1 CE. Se trataría, por tanto, de figuras jurídicas distintas, con finalidades igualmente dispares".

Ahora bien, Aguado (1997, p. 154) entiende que, si bien, la Constitución establece límites jurídicos al principio dispositivo, fueron más decisivos los límites no normativos o extrajurídicos; siendo así que las mayores limitaciones a la voluntariedad territorial no procedían de textos legales, sino del pacto entre los principales partidos.

Coloquialmente, a la generalización de la concesión de preautonomías se le ha conocido como el "café para todos", término acuñado por Manuel Clavero Arévalo[26], Ministro adjunto para las Regiones del primer ejecutivo de UCD. Pero no fue un proceso sencillo ni mucho menos. Las primeras elecciones democráticas de 1977 arrojaron unos resultados favorables a aquellas fuerzas políticas que reivindicaban la generalización del autogobierno, más allá de Cataluña y País Vasco. En este sentido, en palabras de Jiménez (2018, p. 2343) "la solución del Presidente Adolfo Suárez para neutralizar esta reivindicación mientras se redactaba la Constitución fue extender el sistema de las preautonomías mediante sucesivos Reales Decretos-Leyes. Desde el restablecimiento provisional de la autonomía en Cataluña el 29 de septiembre de 1977, hasta el acceso de Castilla-La Mancha al régimen preautonómico el 31 de octubre de 1978, se configuraron un total de catorce preautonomías".

Una consecuencia directa de la generalización de la concesión del régimen preautonómico[27] fue que el mapa territorial quedase prácticamente configurado, con la finalidad de prescindir de la concreción en el diseño constitucional. No puede pasarnos desapercibido esta hito, por lo que supuso para territorios como la Región Leonesa, incluida por Decreto[28] en el ente preautonómico Castellano y Leonés. Si bien

---

26 Para más, *vid.* la entrevista realizada por Caraballo, Javier: *Clavero Arévalo: "Sigo pensando lo mismo. Mejor café para todos que para uno solo"*, publicado el 7/11/2015 (consultado el 08/12/2019) en el siguiente enlace: https://www.elconfidencial.com/espana/2015-11-07/clavero-arevalo-sigo-pensando-lo-mismo-mejor-cafe-para-todos-que-para-uno-solo_1086738/

27 Aja, E. *Apud.* Jiménez (2018 pp. 2343 y 2344).

28 Real Decreto-ley 20/1978, de 13 de junio, por el que se aprueba el régimen preautonómico para Castilla y León.

su art. 2 explicita que no se "prejuzga la futura organización de las once provincias bajo alguna de las modalidades que la Constitución establezca", lo cierto es que supuso una verdadera merma a la titularidad del ejercicio de la iniciativa de cada uno de los territorios ahí incluidos. Pero más en concreto, resultó una limitación directa al principio dispositivo de dos regiones históricas, León y Castilla la Vieja.

García Roca (2015, p. 410) es directo a la hora de valorar lo que supuso la extensión del autogobierno por medio de dicha figura: "La generalización desde el Ministerio de Clavero Arévalo del lamentable sistema de preautonomías ha convertido en gran parte el principio de voluntariedad y la polémica sobre la generalización o no del modelo autonómico en agua de borrajas. (…) En el terreno de la realidad lo que era el — ejercicio de un derecho voluntario se ha visto «impuesto", o abocado a su ejercicio (ignoró con que finalidad) mediante la promulgación de los Decretos-Leyes de preautonomía, que como consecuencia lógica de su carácter previo (ya no es posible echarse atrás) han desembocado en Estatutos de Autonomía".

Desde un punto de vista práctico la inclusión de 11 provincias en un mismo ente preautonómico dejaba mucho que desear. La disparidad de intereses económicos, su enorme extensión, y las divergencias culturales e históricas se antojaban insalvables. De hecho, no existió ningún otro ente con tantos problemas de configuración. Así, Salgado (2016, p. 534 y 537) relata cómo desde Segovia y Burgos se realizaron intentonas por configurar una autonomía de Castilla la Vieja sin León, lo que una vez avanzado el proceso autonómico, derivó "en sendos intentos de conformarse en autonomías uniprovinciales". Sin embargo, quienes sí pudieron aprovecharse de la cierta apertura que posibilitaba el art. 2, fueron Logroño y Santander, al lograr crear sus respectivas autonomías uniprovinciales, pese a las dudas iniciales de que cumplieran los requisitos del art. 143.1 CE. En cambio, los intentos uniprovinciales de Segovia, León y Burgos cayeron en saco roto, debido a que ya se habían firmado los Pactos autonómicos de 1981.

Quizá sea este el mayor paradigma a la limitación del principio dispositivo. Los motivos, expuestos anteriormente, resolver con celeridad el debate autonómico tras el 23F. Tanto UCD como el PSOE, solicitaron el denominado *Informe Enterría*[29], tan solo un día después de

---

29 Conformado a su vez por los *"Informes de la Comisión de Expertos sobre Autonomías* y de la *Comisión de Expertos sobre la Financiación de las Comunidades Autónomas,* presididas ambas

reunirse con el Rey. Estos se presentarían con premura, y basándose en ellos, se firmaron los Acuerdos autonómicos de 31 de julio de 1981[30], por el presidente Calvo-Sotelo y el líder de la oposición Felipe González[31]. En esencia lo que venían a fijar fue el mapa autonómico con las CCAA que se aceptarían, y aquellas que no, como León o Segovia; además de establecer el contenido genérico competencial de los Estatutos que aún faltaban por aprobarse.

Pese a que la LOAPA fue declarada parcialmente inconstitucional[32], el resto de aspectos materiales establecidos en los Acuerdos sí alcanzarían su cometido al ser introducidos en los restantes textos estatutarios. Uno de dichos contenidos fueron las recomendaciones del informe a facilitar la reunificación de Castilla la Vieja[33]. Así, se introducirían sendos preceptos en los EEAA de Cantabria[34] y La Rioja[35] tendentes a producir su disolución e incorporación en CyL; y en este último[36], introducir otro precepto que implicase la recepción de ambos territorios en la comunidad. No es una cuestión baladí, pues, mientras a la Región Leonesa se le vetó -y se le sigue vetando- cualquier iniciativa tendente a propiciar otra alternativa autonómica o a introducir algún precepto en su Estatuto que permitiese su segregación; a la Región Castellana Vieja, sí se le dieron instrumentos para producir su reunificación, pese a que nunca se llevase a cabo.

3. Las distintas vías de acceso a la autonomía

A diferencia del anteproyecto de la Constitución, y del propio texto republicano, finalmente se decidió optar por introducir diferentes procedimientos de acceso al autogobierno[37]. Lo que supondría que para parte de la doctrina fuera un reconocimiento implícito de qué

---

por el profesor García de Enterría" (Aguado, 1997, p. 141).

30 Sobre dichos acuerdos, se refiere Aguado (*Ibid.*, pp. 141-144), donde analiza en profundidad las implicaciones que conllevaría a considerarlos como una verdadera convención constitucional en sentido estricto.

31 (Ferri, 2013, p. 42).

32 Para más, acudir a la STC 76/1983.

33 Acúdase a la Fig. 12.- Modificaciones territoriales contempladas en los EEAA, en la página 84.

34 Art. 58 EACan.

35 Art. 44 EALR.

36 DT 7ª EACyL.

37 Jiménez (2018, p. 1976).

territorios eran nacionalidades y cuales regiones[38], dependiendo del procedimiento que utilizasen. Así, mientras la vía ordinaria del art. 143 CE estaría reservada a las Regiones sin excesiva vocación de autogobierno, para las Nacionalidades correspondería la vía de rápido acceso al máximo techo competencial del art. 151 CE.

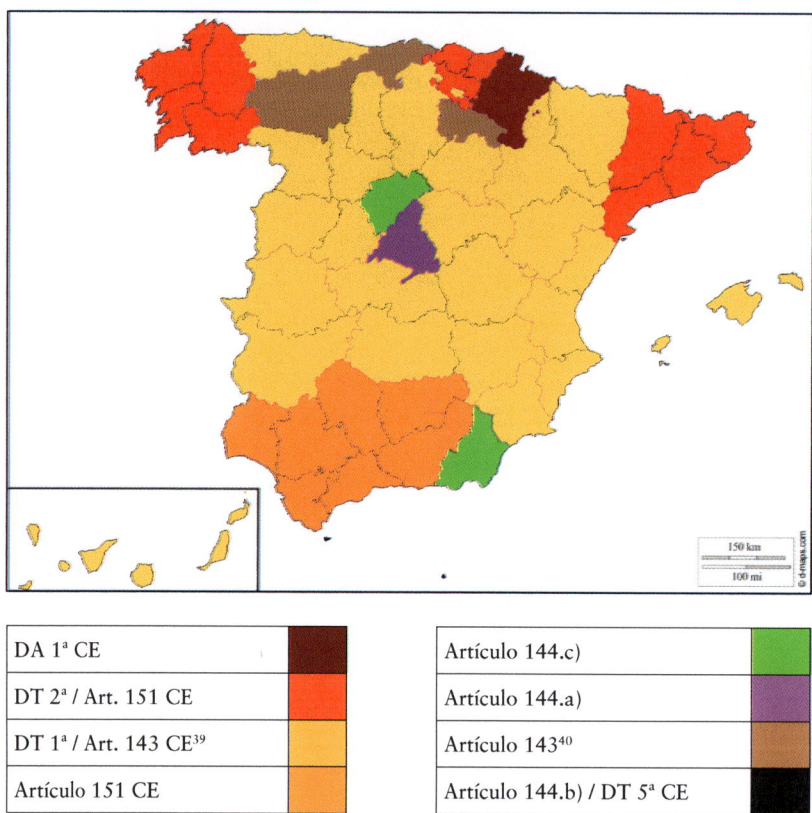

DA 1ª CE	
DT 2ª / Art. 151 CE	
DT 1ª / Art. 143 CE[39]	
Artículo 151 CE	

Artículo 144.c)	
Artículo 144.a)	
Artículo 143[40]	
Artículo 144.b) / DT 5ª CE	

Fig. 10.- Vía de acceso a la autonomía utilizada. Fuente: Elaboración Propia.

---

38 Para Trujillo (*Apud. Ibid.*, p. 1977), en esta decisión del constituyente posiblemente fuera determinante la dualidad entre Nacionalidades y Regiones recogida en el art. 2 CE.

39 Tanto Valencia como Canarias, accedieron a un régimen competencial superior al del resto de comunidades de vías lenta, por medio de las transferencias del art. 150.2 (Álvarez Robles, 2017, p. 46).

40 Debido a que la provincia de León no se había adherido al ente preautonómico de Castilla y León, tuvo que ejercer su iniciativa autonómica desde la Diputación Provincial, no produciéndose en puridad la sustitución establecida en la DT 1ª CE.

3.1. La "vía lenta" del artículo 143 CE

Como ya expusimos, el cometido de dicho art. era doble. Determinar los sujetos titulares de la iniciativa y del derecho al acceso al autogobierno, y, por otro lado, establecer un procedimiento para optar a la autonomía. Se le denominaba vía lenta porque según el art. 148. 2 CE debían transcurrir al menos cinco años para acceder al máximo competencial mediante la reforma de sus respectivos EEAA. A priori estaba pensada como aquella general por la que debían acceder la mayor parte de las Regiones. Si bien, apunta correctamente Linde[41], no sería el procedimiento más utilizado, sino aquel de la DT 1ª la que finalmente se convertiría en el procedimiento generalizado[42].

Los requisitos establecidos en el art. 143.2 CE, se refieren primero a la necesaria acumulación de la iniciativa entre las Diputaciones u órganos interinsulares y a los dos tercios de los municipios cuando representen más de la mitad del censo; y en último término al plazo de seis meses desde el primer acuerdo adoptado. Mientras que el apartado 3º establece el plazo mínimo en caso de no prosperar para volver a repetirlo.

3.2. La "vía rápida" del artículo 151 CE

Como contraposición al procedimiento general, se configuró una vía de acceso a la autonomía que prescindía del plazo de cinco años establecida en el art. 148.2 CE, orientada a dotar del máximo nivel competencial (Ruíz-Rico, 2018, p. 2062). Fue percibida como un privilegio a algunos territorios, virtualizando de alguna forma la dualidad entre nacionalidades y regiones del art. 2 CE al reservar esta vía para las primeras, e incluso reconociendo así de algún modo su preexistencia como entes territoriales al texto constitucional.

Para ello, se contienen dos reglas procesales singulares[43]. Una tendente a modificar el procedimiento para acceder al autogobierno agravando los porcentajes de consistorios favorables hasta el 75%, y añadiendo un referéndum confirmatorio. Y la otra encaminada a implantar unas pautas especiales para la aprobación de los EEAA,

---

41 Linde Paniagua, E. *Apud.* Jiménez (2018, p. 2344).

42 En la práctica, solo accedieron por la vía general las CCAA uniprovinciales de Cantabria y La Rioja, al carecer de ente preautonómico propio que pudiera sustituir su iniciativa autonómica -ex. D.T. 1ª CE-.

43 Para mayor profundidad sobre ambas cuestiones, acudir a Ruiz-Rico (*Ibíd.*, pp. 2063-2068).

lo cual suponía en la práctica establecer un proceso homogeneizador entre CCAA.

Del mismo modo que ocurriese con la vía lenta, ni siquiera esta fue utilizada en su totalidad por aquellos territorios a los que iba desinada, sino que fue por medio de la DT 2ª por la que Cataluña, País Vasco y Galicia accedieron a su autogobierno.

Solamente hubo una CCAA que accedió por completo por esta vía, aunque no sin dificultades: Andalucía[44]. Debido a los estrictos requisitos constitucionales, además del art. 8 LORMR, la consulta andaluza fracasaría en la provincia de Almería, al no alcanzarse la mayoría absoluta de votos favorables. La solución se plasmaría -pese a las evidentes dudas sobre su constitucionalidad- reformando la propia citada ley a posteriori "flexibilizando" los requisitos para validar el resultado en las siete provincias restantes; mientras que para Almería se aprobaría la LO 13/1980 de sustitución en la provincia de Almería de la iniciativa autonómica, lo que podría considerarse en la práctica una aplicación encubierta del art. 144.c).

3.3. La cláusula estatal del artículo 144 CE

Antagónicamente y como límite normativo al principio dispositivo se estableció el principio imperativo en los distintos procedimientos del art. 144 CE. Así, las Cortes Generales por motivos de interés general mediante LO podían autorizar en el caso de los apartados a y b la configuración de CCAA sin que fueran nacionalidades ni regiones.

Fue precisamente la LO 6/1982, de 7 de julio, por la que se autoriza la Constitución de la Comunidad Autónoma de Madrid, como indica Jiménez (2018, p. 1987), el único ejemplo de la aplicación práctica de dicho apartado a). La misma, expresa claramente en su preámbulo la afirmación realizada anteriormente de que este artículo permite dotar de autonomía a territorios que no son ni nacionalidades ni regiones, ya que "no se dan en la provincia de Madrid las condiciones necesarias para su individualización como entidad regional histórica para culminar el proceso autonómico".

El apartado b), se contempló como una vía mixta dependiendo de si se iniciaba desde las Cortes –acordar-, o bien desde los territorios de Ceuta y Melilla aludiendo a la DT 5ª CE –autorizar-. Pero en todo caso, las Cortes Generales controlarían el proceso, dado que requiere de la aprobación por medio de LO atendiendo igualmente al interés

---

44 *Ibid.*, pp. 2069-2071.

nacional. Así, pese a la eventual aplicación al territorio de Gibraltar, se contempló dicha vía para estos dos municipios, no integrados en la organización provincial. Sin embargo, ambos enclaves se constituyeron como Ciudades Autónomas en lugar de CCAA[45].

En tanto que, el apartado c), facultaba a las Cortes a sustituir la iniciativa autonómica de las corporaciones locales del art. 143.2 CE, "imponiendo otra". Fue definida por las SSTC 100/84 Fj. 3 y 76/1983 Fj. 3.a) como "norma de cierre de sistema", pues "cumple una función de garantía respecto a la viabilidad misma del resultado final del proceso autonómico", todo ello debido a la apertura constitucional sobre la que hemos discutido. Fue utilizada en dos ocasiones, si bien solamente en una ocasión de forma expresa. El caso segoviano que concluyó en la citada STC 100/1984 tras la impugnación por parte de 53 Senadores de AP de la LO 5/1983, de 1 de marzo, por la que se aplica el artículo 144, c), de la Constitución a la Provincia de Segovia. Y el caso almeriense, que como se expuso utilizó las facultades de esta vía sin nombrarla expresamente[46].

3.4. Las vías extraordinarias

Como procedimientos excepcionales se constitucionalizaron una amalgama de preceptos incluidos en las DT y en las DA, que al final terminarían por convertirse en las vías más generalizadas. En este sentido, ya han sido expuestas anteriormente alguna de ellas, como la DT 1ª CE relativa a las preautonomías, aquella de la DT 2ª CE tendente a facilitar el acceso autonómico de Cataluña, País Vasco o Galicia, o la DT 5ª CE de acceso a la autonomía para Ceuta y Melilla. Sin embargo, existen otras dos más que afectan a los territorios forales del País Vasco y Navarra.

En este sentido, la DA 1ª CE, tuvo doble alcance. Para ambos territorios supuso la actualización de sus derechos forales históricos al marco constitucional y de los EEAA, garantizando que, como expusiera el padre de la Constitución, Herrero de Miñón[47] el legislador haya de respetarlos y observarlos como componentes estructurales del sistema constitucional. En tanto que, para Navarra esta disposición

---

45 *Ibid.*, pp. 1987 y 1988.

46 Ello supuso que fuera calificada como "irregular" por parte de Ruipérez (*Apud. Ibid.*, p. 1990), y que Álvarez Conde (*Apud. Ibid.*) entendiera en esta aplicación desbordadas completamente las previsiones constitucionales del art. 144. c)

47 Herrero y Rodríguez de Miñón, M. *Apud.* Murillo (2018, p. 2312).

supuso además su singular vía de acceso a la autonomía por medio de la LORAFNA (Murillo 2018, p. 2315).

Aunque, para el propio sentido del libro, el precepto que más interés suscita es aquel de la DT 4ª CE, dado que faculta a un territorio, en este caso Navarra, a adoptar la incorporación al territorio vasco. Se encuentre esta en régimen preautonómico o habiéndose constituido entonces como CCAA, e incluso en el caso de que ambos territorios fuesen ya CCAA (Ugartemendia, 2018, p. 2351). Es decir, se trata del único supuesto constitucionalizado de alteraciones territoriales una vez formadas las CCAA. El procedimiento establecido en dicha disposición ha sido introducido para estar en concordancia en el EAPV en los arts. 2 y 47.2, y en la LORAFNA en su DA 2ª. Sin embargo, la Ley Navarra regula *ex novo* un procedimiento de segregación del País Vasco tras la eventual unión. Situación esta última asimilable a la que trata de ejercer la Región Leonesa respecto de su propia comunidad, y que veremos en profundidad.

En definitiva, el proceso autonómico, lejos de cerrarse con la construcción del Estado autonómico en la transición, se encuentra abierto desde el punto de vista de la concreta virtualidad que aún tiene el principio dispositivo. Hecho que supone que no solo exista debate desde el prisma competencial, sino también desde la propia mutabilidad de los límites territoriales, llegando al extremo, incluso, de crear nuevas CCAA.

II. AGOTAMIENTO DEL TÍTULO VIII CE Y REFORMA DE LA CONSTITUCIÓN

Una vez conclusa la fase de creación dentro del proceso autonómico con la aprobación del EACyL[48] en 1983 y resueltos los recursos de inconstitucionalidad pendientes en las citadas SSTC 89/1984 y 100/1984, se cerró aparentemente el debate acerca de la determinación territorial, centrándose todos los esfuerzos desde entonces en determinar el alcance competencial de cada una de las CCAA.

A saber, el alcance material del principio dispositivo evolucionó desde entonces por puro pragmatismo, dado que el debate existente a finales de siglo XX no era otro que determinar cuál iba a ser el recorrido competencial de cada una de las Comunidades.

---

48 Ley Orgánica 4/1983, de 25 de febrero, de Estatuto de Autonomía de Castilla-León.

Ello ha provocado un cierre de filas casi unánime de la doctrina a la hora de valorar la conveniencia de derogar aquellos preceptos constitucionales encaminados a construir el mapa autonómico, es decir, aquellos puramente procedimentales. Pero, una cosa es coincidir con la argumentación dada por el Consejo de Estado en el "Informe sobre modificaciones de la Constitución Española" de 16 de febrero 2006, y otra, asegurar jurídicamente que se ha producido un agotamiento total de dichos preceptos.

1. EL AGOTAMIENTO NORMATIVO DEL PRINCIPIO DISPOSITIVO

Se trata de un principio de contenido muy amplio[49], al que no solo le estaba encomendada la solución de la aparente indeterminación territorial, sino que de él debía desprenderse la autodefinición posterior de cada Autonomía mediante la reforma de sus Estatutos. Esta cuestión fue abordada precisamente en la STC 16/1984 determinando su alcance dentro de la primera fase de creación del Estado autonómico. Así en su Fj. 2º se expone el contenido de dicho principio, de manera que este "alcanza a materias como la denominación a adoptar, que podrá acomodarse a la tradición histórica; el procedimiento de acceso a la autonomía, que presenta diversas modalidades, como se desprende de los arts. 143, 144, 151, disposición adicional primera, disposiciones transitorias primera, segunda, cuarta y quinta de la CE, competencias a asumir, como resulta de los artículos 148 y 149, entre otros, de la CE, e instituciones de los entes autonómicos, siempre dentro de los límites que la Constitución señala".

Como se ve, además de las manifestaciones materiales aparece otra dimensión temporal, pues como desarrolla el citado "Informe sobre modificaciones de la Constitución española", estaríamos primero ante una fase de creación y organización de las CCAA, y otra posterior, encaminada a dotar a las CCAA mediante la reforma estatutaria a redefinir indefinidamente su ámbito autonómico dentro de sus competencias.

En este sentido, la argumentación sobre el agotamiento del principio dispositivo viene influida por la conveniencia política. Cabe mencionar, que el referido informe trae causa del anuncio del PSOE de querer afrontar una profunda reforma constitucional, que afectaría

---

49 Que para Fossas (2008, p. 163,) materialmente se manifiesta en dos elementos esenciales de la estructura territorial: el primero, respecto de la creación y delimitación territorial, y en la distribución de poder entre aquellas y el Estado; mientras que la segunda aparecería en los elementos definitorios de su autogobierno contenidos en sus EEAA.

al capítulo autonómico, entre otras cuestiones. De este modo, el informe pretende provocar el agotamiento del principio dispositivo, derogando y reformando ciertos preceptos, más que argumentar que se ha producido ya.

Por tanto, hasta el momento actual, de haberse producido un agotamiento del principio dispositivo, esta sería en todo caso parcial, debido a su marcada evolución. Insiste también Fossas (2008, p. 163), en este sentido, explicando cómo en ambos momentos temporales, instauración y modificación, actúa el principio dispositivo; aunque ambas manifestaciones son distintas, debido a que los entes territoriales también son diferentes, como "los aspectos sobre la estructura territorial sobre los que actúa y su eficacia real y actual".

Si se focaliza estrictamente sobre este agotamiento parcial, lo que la doctrina parece asumir prácticamente por unanimidad es uno normativo de los preceptos más procesales de la Constitución. Es decir, aquellos en los que se presenta el principio dispositivo en la fase de creación del Estado autonómico, como son las distintas vías de acceso. Así, López Guerra (*Apud*. Jiménez 2018, p. 1975 y 1976), entiende que una vez creadas todas las CCAA, estos preceptos procesales -arts. 143, 144, 146 o 151 CE- estarían carentes de eficacia práctica al haberse agotado sus previsiones; mientras que el propio Jiménez (*Ibid*., p. 1986), al referirse a la vía estatal del art. 144 CE expone, que, a pesar de su trascendencia, tampoco escapa de la obsolescencia una vez se cerró el mapa autonómico. También Ruíz-Rico (2018, p. 2062), ve al art. 151 CE agotado, siendo vehemente al exponer que se trata de una de esas "cláusulas de la Constitución española de 1978 (CE) afectadas por una inevitable obsolescencia. Aplicado como vía prácticamente excepcional para acceder al autogobierno territorial, pierde su razón de estar una vez concluido el proceso de construcción del Estado autonómico. Su naturaleza exclusivamente procedimental lo convierte —junto a otras disposiciones del Título VIII— en una norma de vigencia temporal, a partir del momento en que se termina de confeccionar el mapa del modelo territorial". Del mismo modo ocurriría respecto de los procedimientos para configurar los Estatutos. Así, entienden que el sentido de esos preceptos decaía una vez se cerrase el mapa territorial, careciendo de posible aplicación práctica desde entonces. Por lo que, siguiendo esta lógica, no cabría forma alguna de volver a invocarlos, siendo conveniente su derogación en una eventual reforma de la CE. En el mismo sentido González Pascual (2018, p. 2035), explica la pervivencia del art. 148 CE solamente por las reticencias políticas a afrontar una reforma constitucional, por lo que igualmente, lo ve agotado. En este último caso, como se verá, existen otros motivos y argumentos para considerar que efectivamente sí se ha producido su agotamiento.

1.1. La modificación de los límites territoriales autonómicos

Desde aquí, se tratará de profundizar sobre el alcance de estas argumentaciones en los dos siguientes subapartados, pero proponiendo un punto de vista alternativo que confronte al agotamiento normativo. Pues, como se ha expresado, el cometido de esta investigación no es otro que responder sobre la posibilidad de alterar el mapa territorial, llegando incluso a crear nuevas CCAA. Así, debido a la carencia de preceptos que posibiliten este extremo, cabe preguntarse si está asumido o no por la CE, y de ser así, como podría realizarse. En este mismo sentido, se cuestiona Ruipérez (1987, pp. 172 y 173); entendiendo él que sí es posible provocar esta alteración, dado el carácter voluntario con el que nuestra Constitución configura el derecho al autogobierno.

Parece evidente, que la ausencia deliberada de regulación indicaba un interés político en que esto no ocurriera; pero en ningún caso parece proscrito. Dicho de otro modo, que la CE evitase regular con un precepto específico dicha posibilidad, no significa que existiera un impedimento total, sino que se evidencia otro rasgo más de su apertura.

Habida cuenta que existe un mecanismo específico de modificación como es la DT 4ª para Navarra, parece explicitarse que tal posibilidad no se prohíbe. Así, Bartolomé (2018, p. 9), entiende que "si, como vimos, la Constitución no asume ningún mapa territorial, la posibilidad de que varíe está abierta e incluso expresamente recogida en el texto constitucional para situaciones concretas como la reincorporación de Gibraltar a España, o la incorporación de Navarra al País Vasco". Igualmente, no se han considerado inconstitucionales aquellos preceptos estatutarios encaminados a provocar anexiones y segregaciones territoriales, o incluso los que se refieren a disoluciones y fusiones autonómicas (Bartolomé, 2020, p. 212). Hechos que, para Aguado (1997, p. 152), confirman sólidamente que los Acuerdos autonómicos no lograron hacer desaparecer el principio dispositivo, sino que sigue latente, manteniendo abierto el modelo.

De otro modo, si se considera el derecho al autogobierno como un derecho subjetivo en sí mismo, implicaría que las interpretaciones sobre su desarrollo deberían hacerse extensivamente, mientras que aquellas limitativas deberían interpretarse restrictivamente. Así, el propio Consejo de Estado[50] reconoce el derecho a la autonomía como una suerte de derecho de autodeterminación interno (Bartolomé 2018, p. 8), derivado del art. 1 del PIDCP donde se reconoce el derecho de los territorios a la autoorganización política para desarrollarse económica, social y culturalmente.

Por ello, parece carecer de rigor, hablar de una limitación al principio dispositivo y del derecho al autogobierno por una supuesta vigencia temporal de un precepto. Aguado (1997, pp. 156 y 157), expone que, si la intención del constituyente era la de dejar que estos artículos decayeran tras su uso, deberían de haberlo expuesto expresamente, o al menos haberlo situado en las disposiciones transitorias. Sin embargo, esta desuetudo no tiene parangón en nuestro ordenamiento, del mismo modo que no aparece en el derecho comparado. Cabe destacar, asimismo, que el texto constitucional no expresa que los procedimientos para acceder a la autonomía se encomienden a territorios que carecen de autonomía, por lo que no se impide que se vuelvan a llevar a cabo de nuevo en el escenario actual. Por lo que más allá del agotamiento, lo que actualmente se hace necesaria es una reinterpretación sobre los citados artículos presuntamente decaídos.

Sobre la apertura, parece que la academia sí matiza su posición, como continúa Aguado (*Ibid*., pp. 152 y 155), ya que, "en realidad, incluso la doctrina más relevante que mantiene el cierre virtual del sistema, es plenamente consciente de lo que se acaba de exponer, como no podía ser de otro modo, y así, García de Enterría terminaba el epígrafe en el que contradice la tesis de la «desconstitucionalización» afirmando que, una vez consumidas las opciones que la CE tenía abiertas al inicio, carece de sentido mantenerlas en el texto constitucional, de modo que prevé (en realidad parece más bien que propugna) una reforma del mismo —si bien no inmediata— que consolide «el modelo final que ha resultado y potencie su funcionalismo efectivo»". De esta manera, aunque entienden que, no es conveniente la alteración territorial, no se encuentra vedada ni mucho menos. Pues, como continua Aguado, "una cosa es la dificultad, e incluso la apariencia de inverosimilitud de la alteración (aún más: seguramente es indeseable ese cambio concreto en este momento y en un futuro próximo, medio e incluso largo), y otra cosa es, como se apuntaba más arriba, su posibilidad constitucional". Precisamente por su opinión política, se muestran favorables a una reforma constitucional que terminase con

---

50   Dictamen del Consejo de Estado 793/2017, emitido el 7 de septiembre de 2017.

la apertura territorial y limitase el principio dispositivo en este sentido. Así, desde aquí se reitera que, tanto la alteración territorial de las CCAA actuales, como la hipótesis de crear una comunidad nueva son asumibles en el ordenamiento jurídico español.

Centrándonos en la posibilidad última de crear nuevas CCAA, el cómo es la cuestión. Aquí, se decantan abiertamente por reservar dicha cuestión a la reforma de los Estatutos como evolución natural del principio dispositivo, como si se tratase de una modificación más de sus límites territoriales. En esta posición encontramos a Fossas (*Apud.* Salgado, 2016, p. 541), defendiendo que una hipotética modificación territorial ya no tendría su base en el art. 2 CE, sino, en la reforma de su correspondiente Estatuto de Autonomía; de manera que la creación de nuevas CCAA no sería un ejercicio del derecho de las nacionalidades y regiones, y si, la decisión de una o varias CCAA mediante la reforma estatutaria. Pero, asegurar tal extremo, acompañado de una argumentación positiva sobre el agotamiento normativo, invita a pensar que tal posibilidad se podría llevar a cabo por el estatuyente sin ningún tipo de límite, en una nueva suerte de desconstitucionalización material y procesal.

De modo que, agotados estos preceptos, podría pensarse que no existieran límites subjetivos sobre que territorio puede ser CCAA (recordemos los requisitos del art. 143.1, en relación al art. 2), ni tampoco sobre la vía adecuada para formalizarse (arts. 143, 144, 151 y DD), o incluso el procedimiento para elaborar el nuevo EA (arts. 146 y 152); con la inseguridad jurídica que ello podría conllevar. Para García Roca, (2015, pp. 298 y 630), entender desconstitucionalizada completamente la forma del Estado supone admitir la validez de cualquier desarrollo autonómico; sin embargo, el principio de voluntariedad debe respetar los límites constitucionalmente garantizados, siendo inconstitucionales aquellos que se excedan. Es más, en el caso concreto al que se está refiriendo este apartado, cabe decir, que, "cualquier desarrollo autonómico debe quedar sometido al ambiguo (pero no por ello menos constitucional) título VIII".

Por tanto, de producirse una nueva iniciativa autonómica a día de hoy, hay que tener en cuenta los mismos requisitos que debieron cumplir las actuales CCAA. Así, como se expuso, no debe confundirse al titular del ejercicio de la propia iniciativa con aquel al que le está reservado el derecho al autogobierno. Es decir, aunque se estableciera estatutariamente un titular distinto al originario de la iniciativa autonómica, ello no puede producir una mutación del titular del derecho al autogobierno. Esto es, aunque una CCAA decida reconocer un derecho de iniciativa para segregarse de su Comunidad, no podrá llevarla a cabo efectivamente si el territorio en cuestión no cumple con los requisitos constitucionales del art. 143.1 CE, o bien con la autorización excepcional de las Cortes Generales del art. 144.a) CE basándose en el interés general.

Por otro lado, estarían los requisitos procesales, como es la propia fase de iniciativa. Del mismo modo, aquí, la indefinición del mapa territorial relacionada con el principio dispositivo no puede confundirse con una ulterior desconstitucionalización procedimental. Esto es, que, aunque la iniciativa pudiera partir desde una reforma estatutaria, en principio, no podría más que conceder al territorio el derecho a repetir su iniciativa autonómica, y en caso de que se produzca efectivamente, limitarse a modificar sus límites y/o denominación; esto es, sin entrar a valorar o determinar la vía por la que la segregación se lleve a cabo. Mientras que, llegados al momento de la elaboración del Estatuto, la negativa a alterar el procedimiento creándolo *ex novo* desde los Estatutos parece igualmente sostenible. Por tanto, en principio, deberían seguirse los mismos trámites constitucionales para la elaboración de los demás EEAA.

Cuestión aparte sería aquella posibilidad de regresar al régimen general. Puesto que no existe una fórmula de reversión similar al citado art. 22 de la Constitución Republicana, y dado que se utilizó el art. 144.c) CE como fórmula de cierre para evitar que coexistieran provincias de régimen general con territorios autónomos, parece complicado que se pudiera dar en la práctica. Sin embargo, jurídicamente nada empece[51] a que una determinada CA, o parte de ella lo decidiera mediante la reforma de su EA.

Por tanto, todos los preceptos mantienen su virtualidad intacta[52], pese a que parezca improbable que su repetición práctica ocurra. Incluso, son los únicos preceptos que pueden aportar garantías y seguridad

---

51 Según Aguado (1997, p. 156), en la hipótesis inverosímil de que una Comunidad quisiera revertir al régimen común, no existiría fórmula jurídico-constitucional para vetárselo. El mecanismo (el cual no constituiría un obstáculo insalvable) pasaría por aplicar la cláusula del *contrarius actus,* que, "en esencia, se traducirían en la manifestación en sentido contrario a la autonomía de las mismas entidades locales que lo hicieron para acceder a ella, a cualquier otro procedimiento que pudiera arbitrarse".

52 Con la excepción del art. 148, pues este precepto es al único al que podría ponérsele la etiqueta transitoria (dentro del articulado), ya que su supuesto de hecho condicionado a plazo (5 años), no se refiere a los EEAA aprobados, sino incluso para aquellos que pudieran aprobarse; de manera que, a estos nuevos Estatutos, no les sería de aplicación ya este plazo (*Ibid.,* pp. 156 y 157).

jurídica sobre el cómo llevar a cabo una hipotética creación de una nueva CCAA. Por lo que, cómo se ha expuesto, se hace aconsejable reinterpretar estos preceptos en el sentido de suplir la carencia de regulación específica. Su único límite se expondrá en el siguiente apartado, siendo este la existencia de un conflicto normativo entre normas de rango constitucional.

1.2. El dimanante conflicto normativo

Como se ha visto, en ningún caso se especificó que estos artículos sobre los que pesa la "losa" doctrinal del agotamiento normativo, fueran de carácter transitorio. Por lo que se hace necesaria una interpretación más rigurosa sobre el porqué de los impedimentos de su repetición. De hecho, la única posibilidad regulada constitucionalmente de modificaciones territoriales, como es la citada DT 4ª para el caso de la incorporación de Navarra al País Vasco; puede producirse hoy día pese a su transitoriedad inicial y pese que se han configurado ambas normas esenciales de autogobierno. De este modo, cabe preguntarse cómo es posible qué, para la doctrina, parte del articulado decaiga y una Disposición Transitoria 45 años después siga vigente.

La postura aquí defendida, entiende que, más que haberse producido un agotamiento normativo, el impedimento ante la repetición de una nueva iniciativa autonómica, invocando directamente los preceptos constitucionales, se encuentra en que existe un conflicto entre dicha repetición y la competencia territorial del art. 147.2.b) CE reservada a los EEAA, incluidos estos últimos en el bloque de constitucionalidad.

El cometido del art. 147.2.b) no es otro que establecer el territorio como contenido fáctico del poder político que delimita un espacio concreto sobre el que ejercer su marco competencial. Se trata en palabras de Sánchez Amor (2018, pp. 2024 y 2025), de un elemento constitutivo, fundacional, definitorio y primario. Ahora bien, una vez aprobado el EA, pasa a formar parte del bloque de constitucionalidad, en tanto que completa la desconstitucionalización. Al punto que "la autonomía de las CCAA se encuentra garantizada en el «bloque de la constitucionalidad», del que forman parte los Estatutos de Autonomía, y de ahí su vinculación al principio dispositivo" (Fossas, 2008, p. 162).

Todo ello entraría dentro de la interpretación de que el propio art. 2 CE garantiza su autogobierno a partir de entonces, lo que entendido en relación al 147.2.b) impediría cualquier tipo de acción externa modificativa de su territorio, ya que ésta última podría limitar una parte fundamental de su autogobierno.

En este sentido, como explica García Roca (2015, p. 392), las CCAA tienen el derecho a impedir usurpaciones territoriales tanto de otras Comunidades como del propio Estado, dado que cualquier alteración provincial que implicase alterar sus límites exige no solo el requisito de la aprobación de una LO (art. 141.1 CE), sino que necesariamente debería realizarse una reforma estatutaria, solo modificable por sus procedimientos de reforma, dado su carácter indisponible por el legislador estatal.

Este hecho, confrontaría directamente con eventuales repeticiones de iniciativas autonómicas. De hecho, Ruipérez (1987, p. 174), se refiere expresamente al caso de la segregación de León, de manera que, si bien la considera asumible en nuestro ordenamiento, opina que debe enfrentarse a una doble aquiescencia o permiso. La primera, propiamente de la CCAA a la que pertenece, la cual se ve protegida *ex* art. 147.2.b) CE, ya que toda alteración de su ámbito territorial ha de partir de sí misma por medio de una reforma estatutaria. Y, en segundo término, por parte del Estado, representado por el interés nacional, precisamente a la hora de aprobar dicha reforma en las Cortes Generales. Además, expone una doble protección Autonómica frente al Estado. Ya que la ausencia de procedimientos específicos para la segregación puede entenderse como un mecanismo en favor del mantenimiento de la integridad del mapa. Mientras, que como hemos expuesto antes, el Estado no puede efectuar unilateralmente una reforma estatutaria, más que por medio de una reforma constitucional.

Ahora bien, la aquiescencia o permiso autonómico, en principio, solo debería pasar por modificar sus límites territoriales y su denominación, para no entrar en conflicto con la nueva iniciativa autonómica. Dado que una regulación *ex novo*, que alterase los requisitos, procedimiento de iniciativa, o mecanismos de aprobación del nuevo Estatuto, podría entenderse como una mutación constitucional por parte del estatuyente.

2. LOS PROCESOS DE INCONSTITUCIONALIDAD DEL ESTADO AUTONÓMICO

Llegados a este punto, cabe cuestionarse sobre qué extraer al respecto de la jurisprudencia del Tribunal Constitucional. Así, la STC

89/1984, precisamente sobre León, es uno de los pocos referentes que encontramos, que tratase la alteración del mapa territorial; en ese caso, sobre la revocación de acuerdos locales de iniciativa autonómica. También en el mismo espacio autonómico, encontramos la STC 100/1984 sobre la inclusión forzosa de Segovia por motivos de interés nacional, y la STC 99/1986 relativa al contencioso entre País Vasco y CyL por el condado de Treviño.

Así auspiciaba Ruipérez (1987, p. 172), la situación territorial de Castilla y León en 1987: "Los problemas jurídicos en la determinación del territorio de Castilla y León no terminan con la aprobación del Estatuto de Autonomía y el fallo del Tribunal Constitucional en los contenciosos de León y Segovia. Por el contrario, la todavía reivindicada autonomía de León, la posible integración de las Comunidades cántabra y riojana o, finalmente, el controvertido enclave de Treviño hace pensar —bien que poco previsible, al menos en un futuro próximo— que la Comunidad Autónoma de Castilla y León conozca alguna variación en cuanto a su conformación territorial".

2.1. STC 89/1984 sobre la validez de los actos revocatorios

En relación con la primera de estas, si bien no se pronunció expresamente[53] sobre la posibilidad de que la Región Leonesa pudiera ser o no CCAA -dejando en el tintero la cuestión-; lo que sí haría es examinar el acuerdo revocatorio de la Diputación de León a fin de dilucidar si la provincia de León debía incluirse en Castilla y León.

A priori puede parecer que existe contradicción entre afirmar que "la cuestión de lo que la provincia de León pueda pretender en el futuro no guarda relación alguna con este concreto problema." (Fj. 1º), y finalmente negar la posibilidad de llevarlo a término mediante dicha revocación. Además, puede darse a entender la tesis del agotamiento normativo al explicar el contenido de los actos de primera iniciativa autonómica[54]. Pero nada más lejos de la realidad, la Sentencia, ni puede, ni quiere hacer tales aseveraciones.

De este modo, lo que realmente ocurre es que distingue tres fases dentro del proceso autonómico (iniciativa estricta, redacción estatuto, aprobación en Cortes), siendo revocables los actos de iniciativa an-

---

53 *Ibid.*

54 Así, en el Fj. 5º expone que "los actos a que se refiere el art. 143 son, como el propio precepto indica, actos de iniciativa, actos de primera impulsión del proceso que agotan sus efectos cuando este ha entrado en su siguiente fase".

tes de pasar a la segunda fase. Como en el caso que ocupa tales revocaciones fueron 3 años después, cuando ya entraba el proyecto en la última fase, no podía desplegar efectos entonces [55]. Pero nada dice acerca de la posibilidad de invocar de nuevo dichos preceptos[56], como tampoco se ha pronunciado expresamente sobre si León puede ser CCAA ni por qué vías podría acceder a ello. Por tanto, ni esta sentencia niega el derecho a León -o a cualquier otro territorio que lo pretenda- en el futuro, ni expone que no pueda ejercerse por medio de la invocación constitucional de la iniciativa autonómica por haberse producido el mencionado agotamiento normativo.

2.2. STC 100/1984 de inclusión de Segovia por interés general

El caso Segoviano puso de manifiesto principalmente dos cosas. La primera, como sostuvimos, es que no equivale ser titular de la iniciativa autonómica con serlo del derecho de autogobierno regional. La segunda, expuso el alcance del principio imperativo.

Sobre lo que cabe detenerse aquí, es sobre si Castilla y León se puede considerar constituida por el interés nacional en todo su conjunto. Ya que, de no haberse producido tal sustitución, este proceso autonómico habría fracasado al incumplir los requisitos del art. 143.2 y 3[57]. Tal afirmación implicaría sostener que dicha comunidad no se trata ni de una nacionalidad ni de una región, sino un ente sobre el cual no estaría destinado el principio dispositivo, como son el caso de Ceuta, Melilla y Madrid. En este sentido, como sostiene Requejo (1998, p. 55), la vía estatal del 144 CE supone un complemento al art. 2, de manera que territorios ajenos a las nacionalidades y regiones, puedan convertirse en CCAA, careciendo del derecho a la autonomía. Las afirmaciones de Martín Villa, artífice de esta comunidad, refiriéndose a CyL, como una formada en aras de las "razones

---

55   Fj. 5º: "el caso que nos ocupa el acuerdo de revocación fue adoptado por la Diputación de León en un momento, el 13 de enero de 1983, posterior no sólo a la convocatoria de la asamblea a que alude el art. 146 de la Constitución, sino posterior también a la recepción en el Congreso de los Diputados del proyecto que dicha asamblea adoptó y la publicación del mismo en el «Boletín Oficial de las Cortes Generales», Congreso de los Diputados".

56   Como expone Aguado, (1989, p. 115), en el propio Fj. 1º la Sentencia aprovecha para diferenciar entre revocación y segregación; de modo que la STC 89/1984 solamente se pronunciaría sobre la primera.

57   En el caso Segoviano, se habría incumplido el requisito de ejercer la iniciativa autonómica por medio de 2/3 de sus ayuntamientos, debiéndose reiterar la iniciativa en CyL pasados 5 años.

de Estado" -lo cual no deja de ser un eufemismo refiriéndose al ambiguo interés general-, no hacen más que reforzar esta idea. Aunque realmente estas nunca fueron tales, sino intereses partidarios e incluso personales (Prieto Arroyo, 2020, p. 170 y 175).

Sin embargo, si hubiera partido del interés general, conculcando los principios dispositivos de los territorios afectados, una eventual iniciativa leonesa o castellana no habría consumido realmente aún su "principio dispositivo". Es más, cabría plantear si realmente una nueva iniciativa al calor del art. 144.c) podría mutar ese interés general que creo CyL por dos CCAA, una de León solo y otra de Castilla norte. Todo ello sin producir agotamiento ni inconstitucionalidad. Sin embargo, parece complicada esta tesis, dado que los límites del 147.3[58] siguen ahí. Del mismo modo que parece cuestionable que una eventual sustitución del art. 144.c) pudiera cubrir a más de una provincia a la vez.

2.3. STC 99/1986 relativa al contencioso de Treviño

Respecto del caso del enclave de Treviño, decir solamente, que sirvió para poner de manifiesto que es plenamente constitucional establecer disposiciones estatutarias de agregación y segregación territoriales en el ordenamiento como ya se ha expuesto. Para Aguado (1992, p. 106 y 107), la Sentencia viene a establecer dos precisiones en torno a la estructura territorial; esto es, por un lado, las relaciones interestatutarias, y las etapas que debe seguir el procedimiento de integración de un enclave en una CCAA diferente de la que pertenece. De este modo, y como se verá en el siguiente capítulo, todas las modificaciones territoriales quedarían encomendadas a las reformas estatutarias.

2.4. La inconstitucionalidad de una Comunidad Autónoma

Ahora bien, la pregunta que cabe hacerse es, ¿qué habría implicado la declaración de inconstitucionalidad de una CCAA?

Si se tratara de una inconstitucionalidad parcial parece evidente que deben conservarse aquellos extremos que no guarden relación con

---

58 Para Requejo (1998, p. 64), "el procedimiento «paccionado» de reforma estatutaria es una garantía del derecho a la autonomía de las nacionalidades y regiones, reconocido en el art. 2. En cambio, es un límite al interés general protegido en el art. 144 y, por tanto, un procedimiento difícilmente aceptable en las Comunidades Autónomas constituidas al amparo de este precepto". Ahora bien, el propio procedimiento de reforma del EACyL, reserva únicamente la iniciativa a sus instituciones. A diferencia de Ceuta y Melilla, que pueden ver reformados sus Estatutos sin su permiso por parte de las Cortes Generales.

la inconstitucionalidad, desplegando de tal manera plenamente sus efectos. Cuestión distinta, sería la que determinase la inconstitucionalidad radical del ente administrativo, por sus consecuencias. Pese a que sea un escenario hoy vedado -por los plazos-, no fue tan improbable durante la transición. Así, tanto las Autonomías uniprovinciales de Cantabria, La Rioja y Madrid, como las CCAA de Castilla y León, Castilla-la Mancha y Andalucía estuvieron en el foco por diferentes motivos. La principal implicación de una inconstitucionalidad autonómica podría haber provocado la regresión del territorio en cuestión al régimen general. Lo cual hoy se antoja inviable en la práctica. En ese escenario más bien hipotético, cabría plantear si tras su regresión al régimen general, las Cortes pudieran sustituir por vía del art. 144.c) las iniciativas de las provincias afectadas para evitarlo. Aunque, como se expuso anteriormente, parece que las facultades de las Cortes Generales se podrían considerar extralimitadas en este caso. De modo, que, tanto ante una regresión voluntaria al régimen general, como ante el escenario de una sobrevenida a causa de su inconstitucionalidad, parece no haber mecanismos previstos para impedirlo.

Asimismo, cabe preguntarse, sobre si las preautonomías debían pasar íntegramente con todas sus provincias para formalizarse o no. Si bien, el propio Real Decreto del ente Castellano y Leonés trataba de eludir está cuestión al establecer en su art. 2 que "en todo caso ello no prejuzga la futura organización de las once provincias bajo alguna de las modalidades que la Constitución establezca". De modo, que, si una o varias provincias decidían no incluirse en ella, debía decaer la posibilidad de realizar la sustitución de la DT 1ª. Este hecho afectaría a Castilla y León y a Castilla-la Mancha, debido a que de la primera se desgajaron Cantabria y La Rioja; y en la segunda finalmente no se incluyó en el ente la provincia de Madrid. Además de suponer las preautonomías, claro está, una merma difícil de justificar, al principio dispositivo de dichos territorios.

En el caso de las uniprovinciales cabe cuestionar si se trataban de provincias con entidad regional histórica. Madrid es evidente que no, y precisamente por ello se aplicó el art. 144.a). En cambio, sobre Cantabria y La Rioja, las Cortes Generales sí validaron la concurrencia de este requisito, siguiendo las recomendaciones de los Pactos autonómicos.

Sobre Andalucía, la cuestión estriba en la reforma a posteriori de la LORMR, y en la sustitución encubierta en Almería. Parece complicado que un referéndum pueda alterar sus reglas tras el resultado, pues, como entiende Ferri (2013, p. 39), esta modificación de la ley tras la celebración del referéndum se trata de una resolución del problema más que dudosa. Del mismo modo que la sustitución, que no mencionaba explícitamente al art. 144.c), es a todas luces irregular, debido a que no se contemplaba la sustitución para el caso de la vía rápida -art. 151 CE-, sino solamente para la lenta, y en ningún caso para sustituir el referéndum, sino la iniciativa local. Como explica Jiménez (2018, p. 1990), "en este caso no se estaba sustituyendo la iniciativa autonómica de las Corporaciones locales prevista en el art. 151.1 CE al igual que en el art. 143.2, sino que lo que se sustituye es el referéndum de ratificación de la iniciativa autonómica", lo que apuntala la mencionada irregularidad ante la que se encontró el caso andaluz.

Ahora bien, ciertamente sobre la comunidad de Castilla y León no existió pronunciamiento expreso sobre una posible inconstitucionalidad debido a su evidente birregionalidad -leonesa y castellana-. Puesto que, de considerarse que no se trata de una región, sino de dos, el ente territorial tendría características, históricas, geográficas y económicas dispares -*ex* art. 143.1 CE-. Aunque, si se considera que no se trata verdaderamente de una región, sino de una excepción al principio dispositivo basada en el interés nacional (art. 144), la cuestión a debatir lógicamente sería otra distinta.

3. "Reapertura" y reforma del Estado autonómico

El primer Ejecutivo de Zapatero, anunció la intención de acometer una reforma constitucional durante la VIII Legislatura. De este modo, solicitó un informe al Consejo de Estado[59] a fin de dilucidar algunos extremos a la hora de plantear la reforma. Dicho informe, valoró la intención del Ejecutivo de incluir la nomenclatura de las CCAA en la CE y sus consecuencias. A todas luces se produciría un pretendido cerramiento de la Constitución que incidiría en el principio dispositivo.

Es bastante llamativo, que de nuevo una limitación del principio dispositivo se justifique en aras del interés nacional; pues como relata Fondevila (2016, pp. 172 y 173), "si antes de esa fecha (a partir de

---

59 Por Acuerdo del Consejo de Ministros de 4 de marzo de 2005, el gobierno solicitó "del Consejo de Estado, en Pleno, que informe sobre las modificaciones de la Constitución Española que se contienen en el documento que se acompaña (…) en los términos y con los objetivos reflejados en el referido documento".

2010 Convergència Democràtica de Catalunya se declaró abiertamente independentista) la reforma de la forma territorial del Estado resultaba absolutamente conveniente para "cerrar" un modelo territorial que por inconcluso e indefinido parecía condenado al permanente conflicto, en estos momentos resulta absolutamente imprescindible, pues a esa conveniencia se suma ahora la necesidad de defender la unidad de España y la coherencia del modelo territorial".

De otro modo, la posibilidad de acometer alteraciones territoriales tras esta reforma quedaría fuertemente limitada, con las consecuencias que ello implicaría sobre las pretensiones autonomistas de territorios como León. Pues, imposibilitaría producir la creación de nuevas CCAA, del mismo modo que podría suponer la negativa a permitir fusiones como la de Navarra y País Vasco de la DT 4ª. Para Belda (2008, p. 114), la necesidad de derogar este precepto se justifica en que su contenido solamente sirve como base para atacar infundadamente el autogobierno de Navarra desde el País Vasco. Mientras que el informe alude a un conflicto normativo llegado el caso de incorporar la nomenclatura de las CCAA, sin retirar dicha Transitoria; de manera que, a su juicio supondría el establecimiento de un procedimiento singular de reforma de la CE. Pero nada más lejos de la realidad, pues como auspiciaba Ruipérez (1987, p. 175), ese caso se trataría realmente de un supuesto de "quebrantamiento constitucional", que ya ocurre hoy día entre dicha Disposición y el art. 145.1 CE; de modo que, en rigor, no se puede considerar un supuesto de revisión constitucional, sino una inobservancia a título excepcional de un precepto constitucional, que permitiría seguir considerándolo en vigor.

Otra cuestión sería la propia denominación en sí de las Autonomías a incluir en el texto constitucional, aunque el informe solventa esta duda remitiéndose a la fórmula de "la denominación oficial que establecieran los respectivos estatutos de autonomía". En comunidades como Castilla y León, no estaría vedada una alteración de orden, denominándola, por ejemplo, León y Castilla. Denominación defendida en ocasiones, aludiendo a criterios históricos, y prácticos, ya que de situarse en los mapas dicha denominación, aparecería "León" sobre el territorio de la Región Leonesa, y "Castilla" sobre territorio históricamente castellano viejo.

Fig. 11.- Cambio en la denominación de Castilla y León por "León y Castilla". Fuente: Elaboración propia.

Sobre dicha reforma, es importante destacar asimismo el procedimiento a utilizar. Si se tratase de reformas que implicasen menoscabar el propio derecho al autogobierno recogido en el art. 2 CE, debería acometerse dicha reforma por el procedimiento agravado; mientras que aquellas que no supusieran una minoración de las garantías institucionales de las mismas, podrían resolverse por la reforma ordinaria. Entiende Fossas (2008, 168-169), que ante una reforma constitucional que redujera las materias estatutarias drásticamente, "modificando el contenido esencial o nuclear de los Estatutos", se debería acometer por medio del procedimiento agravado del art. 168 CE, puesto que afectaría directamente al derecho a la autonomía del art. 2 CE. Precisamente, este sería el caso de aquellas pretendidas intenciones de ciertos sectores políticos, que apuestan por regresar al centralismo. De este modo la garantía institucional del art. 2 CE de las actuales CCAA, tendría consecuencias sobre las diferencias procedimentales de dicha vía agravada de reforma, respecto a la ordinaria del art. 167 CE.

Sobre una hipotética reforma territorial habría que plantear, además, dos cuestiones adicionales que este informe evita abordar. En primer lugar, decir que aquellas Constituciones en las que no existe la desconstitucionalización, pero si cierto principio dispositivo[60], como

_____

60 Sobre la relación entre principio dispositivo y desconstitucionalización insiste Fossas (*Ibid.*, p. 158), siendo el italiano un sistema sin desconstitucionalización (al determinar

Italia, o incluso aquellas eminentemente federales como EEUU, existen preceptos tendentes a producir alteraciones territoriales concretas, llegando a regular la posibilidad expresa de crear nuevas regiones o estados a partir de los existentes. De este modo, si se pretende establecer una lista de los territorios que conforman el Estado, con el cerramiento que ello implica, sería recomendable establecer los mecanismos para alterar los límites de cada Autonomía. Así, el art. 132 de la Constitución Italiana no solo permite dichas alteraciones, sino que se llegó a aplicar en la práctica en el año 1963[61], separándose en dos la Región de Abruzzo e Molise, al segregar a Molise de la primera, sin que se tambaleasen los cimientos del Estado.

La segunda cuestión sería superar las carencias democráticas del proceso autonómico, temeroso de incluir el referéndum para todas las vías de acceso a la autonomía; estableciéndolo en dichos procedimientos de alteración. Esta es la opinión de Álvarez Robles, (2017, p. 93) pues la base territorial de las Autonomías actuales, se realizó desoyendo a la población afectada, lo que ha provocado una de las debilidades del modelo territorial. Así, para no incurrir en los errores del pasado, debería de reforzarse tanto el proceso de reforma, como la posibilidad de alterar territorialmente el Estado, por medio del "Referéndum popular".

Otra posibilidad sería la de incluir Disposiciones Transitorias o Adicionales similares a la Navarra, para aquellos territorios en los que deba superarse un problema de encaje territorial; evitando así la necesaria aquiescencia de la CCAA en cuestión. De hecho, Álvarez Robles (*Ibid.*) expone que, ante dicha apertura constitucional, León, podría pronunciarse nuevamente ante una segregación de CyL, sin necesitar de una reforma del Estatuto, sino que bastaría con la ratificación mediante dicho referéndum.

---

el mapa regional) pero con principio dispositivo, al prever el acceso a Estatuto Especial para algunas Regiones.

61 Ley constitucional de 27 de diciembre de 1963, que modifica el artículo 131 de la Constitución, incluyendo el cambio de denominaciones en la lista regional al añadir la Región núm. 20, Molise.

CAPÍTULO SEGUNDO.

LA MODIFICACIÓN DE LOS LÍMITES AUTONÓMICOS POR VÍA ESTATUTARIA

LA MODIFICACIÓN DE LOS LÍMITES AUTONÓMICOS POR VÍA ESTATUTARIA

Como se ha visto durante el primer capítulo, el principio dispositivo se trata de una compleja incorporación teórica a nuestra Constitución, con multitud de manifestaciones, y en constantemente redefinición y evolución.

De esta manera, a lo largo de este capítulo, se arrojará luz sobre la segunda manifestación temporal del principio de voluntariedad, esto es, su virtualidad ante las reformas de los EEAA. Respondiendo, además, a la necesidad de situar el foco ante escenarios más plausibles que una complicada reforma constitucional que parece no llegar. De hecho, en la tradición política de las últimas décadas, ha estado presente la figura de la convención constitucional para evitar tener que recurrir a una reforma constitucional, con el riesgo de la inseguridad jurídica que ello implica, como opina García Roca (2015, pp. 296 y 297).

En este sentido, hay que poner en valor el uso que se le ha dado a las reformas estatutarias, tendente a suplantar el papel que jugarían las reformas constitucionales, por medio de los Acuerdos autonómicos. Como fueron los celebrados en 1992 entre PSOE y PP, con el fin de realizar una equiparación competencial común a todas las CCAA implicadas en el proceso de reforma, con el resto de Comunidades (Díaz Revorio, 2014, pp. 128 y 129). Estos acuerdos, como ya se expusieron anteriormente, limitaron de una forma paraconstitucional la vigencia del principio dispositivo, pero sin llegar en ningún caso a eliminarlo completamente. Así, en palabras de Fossas (2008, p. 165), "Los Acuerdos autonómicos de 1981 y 1992 fueron pues dos intentos de reducir la eficacia de un principio estructural básico de la Constitución mediante pactos políticos que evitaran una reforma constitucional. Aunque quizás lo más importante sea retener que aquellos intentos no consiguieron eliminar ese principio constitucional fundamental, que permaneció latente".

Teniendo en cuenta estas circunstancias, serán referidas las competencias autonómicas en materia territorial. Y, más en concreto, sobre cómo podrían llevarse a cabo alteraciones territoriales por medio de las reformas estatutarias, llegando incluso al escenario de producir nuevas CCAA. Ya que, precisamente, no son cuestiones ajenas a la regulación Estatutaria, pues, como se ha puesto de manifiesto, existen o han existido preceptos tendentes a producir agregaciones y segregaciones territoriales entre Comunidades. Pero no solo en tal sentido, puesto que, se han llegado a configurar diversos mecanismos para producir fusiones e incluso disoluciones autonómicas.

I. ASUNCIÓN DE COMPETENCIAS EN MATERIA TERRITORIAL POR PARTE DE LAS COMUNIDADES AUTÓNOMAS

Como se ve, no es el cometido de estos apartados realizar una disertación acerca de la existencia de distintos debates competenciales sobre las CCAA, sino, exponer de un modo concreto, un aspecto que ha pasado a segundo orden, como es la reorganización territorial del mapa autonómico por medio de las reformas estatutarias. Pues, como ha quedado demostrado en el primer capítulo, dada la apertura constitucional, y habida cuenta que sigue vigente el principio de voluntariedad a día de hoy; cabe perfectamente tanto alterar el territorio autonómico, como producir nuevas Autonomías.

De tal manera, los próximos apartados se referirán tanto a la naturaleza, contenido y rigidez de los EEAA, precisamente, porque de dichos elementos se deriva el análisis competencial estrictamente territorial, que a esta monografía interesa.

1. LA INTEGRACIÓN DE LOS ESTATUTOS DENTRO DEL BLOQUE DE CONSTITUCIONALIDAD

El primer elemento que cabe analizar es aquel recogido en el primer apartado del art. 147 CE. De este modo, el texto constitucional establece el rango de norma institucional básica de cada Comunidad a sus respectivos Estatutos, encontrándose reconocidos y amparados por el Estado como parte integrante de su ordenamiento. Así, Sánchez Amor, (2018, p. 2021), entiende que esta expresión no debe entenderse como una simple habilitación para autoorganizarse, sino que "evoca la naturaleza intrínseca de la peculiar norma", ya que más que un encargo, se trata de una descripción que "no se refiere al «para qué» se crea el Estatuto, sino al «qué»". Por ello, lo que este artículo establece es una fórmula compleja al alterar el sistema de fuentes tradicional[62], situándoles entre la Constitución y los ordenamientos autonómicos, y dotando a los Estatutos de una naturaleza híbrida, en el que se manifiestan funciones constitucionales como ser parámetros de constitucionalidad; pero al tiempo que, dada su subordinación a la CE, pueden ser objeto ellos mismos del control constitucional.

De este concepto se deriva el denominado bloque de constitucionalidad. Definido por la jurisprudencia constitucional[63] como "una noción compleja, que hace referencia a un conjunto de disposiciones utilizables como parámetro de la legitimidad constitucional de las leyes, pero no a contenidos normativos concretos que no puedan ser modificados de acuerdo con el procedimiento previsto según la naturaleza de cada disposición". Sin embargo, en palabras de Rubio Llorente (1989, p. 10) podemos apreciar cómo, "ni en la jurisprudencia del Tribunal Constitucional ni en la obra de los pocos estudiosos que, hasta el presente, han dedicado alguna atención al tema hay elementos que permitan determinar con exactitud cuál sea el contenido de tal «bloque» ni cuál el elemento o rasgo que lo constituye como tal, sin que, de otra parte (excusado es decirlo), exista definición o referencia normativa alguna del bloque en cuestión". Se trata, por tanto, de un concepto de difícil concreción teórica, porque ni su uso es constante, ni la expresión se refiere en todo caso a la misma realidad.

En cambio, sobre la concreta consideración de los Estatutos dentro del bloque, sí que cabe decir que se trata de una ficción derivada de la desconstitucionalización y la virtualidad del principio dispositivo, al encomendar a cada territorio autónomo elegir su propio marco normativo. De este modo, la jurisprudencia del TC[64], entiende en este caso que "hay que partir del hecho de que la Constitución se remite con carácter general a los Estatutos para que estos determinen las competencias autonómicas". Por lo que, el mecanismo concreto y el contenido competencial allí establecido, una vez se haya aprobado el Estatuto, pasa a formar parte de la Constitución, dentro del mencionado bloque de constitucionalidad.

Esto ocurre por una garantía referida anteriormente. Por la indisponibilidad por parte del Estado a reformar unilateralmente los EEAA[65],

---

62 *Ibid.*, p. 2020.

63 Fj. 1º STC 66/1985, de 23 de mayo.

64 Fj. 2º STC 10/1982, de 23 de marzo.

65 Con la excepción mencionada de los EEAA de Ceuta y Melilla. *Vid.* nota al pie núm. 58.

debiendo atenerse a los requisitos establecidos en el procedimiento de reforma del art. 147.3 CE. El cual, según Sánchez Amor (2018, p. 2032), forma parte del contenido mínimo de los Estatutos, pero ello, sin dejar de admitir que su rigidez procedimental es una posibilidad que adoptar para el estatuyente en sus respectivos EEAA, y no una obligación. De tal manera, que una CCAA podría limitarse, excluyendo voluntariamente el monopolio de su parlamento en la fase de iniciativa, aunque ello en la práctica resulte inverosímil.

Sobre esta cuestión, merece destacarse que a la indisponibilidad Estatal se la puede considerar como un reconocimiento más del contenido del derecho al autogobierno regional, pues como sostiene García Roca (2015, p. 385), los EEAA "no se dejan a la ulterior concreción del legislador ordinario, sino que son ordenados a nivel constitucional". De tal guisa que es el propio procedimiento de reforma el que, al otorgar el monopolio de la iniciativa de reforma a sus Parlamentos Autonómicos, los convierte en una especie de ley constitucional de segundo grado, inmodificable de manera unilateral por el Estado, pero también por parte de las CCAA al necesitar la aprobación última por medio de LO. Estos, en puridad, serían los motivos principales por los que Aragón[66], considera a los EEAA incorporados dentro del bloque de constitucionalidad.

2. La delimitación territorial de las Autonomías del artículo 147.2.b) CE

Implícitamente, de la naturaleza institucional básica de los EEAA, la cual se acaba de citar, se deriva el art. 147.2 CE, que establece las cuatro materias que configuran el contenido material mínimo que deben contener los Estatutos. Encontrándose incluidos aquí, tanto la denominación de la CCAA, como la delimitación territorial, sus instituciones de autogobierno (denominación, organización y sede), así como las diferentes competencias asumidas en el Estatuto en cuestión. Sin embargo, no se debe entender esta remisión de una forma limitativa y excluyente, y que de ello derive una obligación taxativa al estatuyente de regular solamente aquellas materias y las estrictamente conexas. Dado que, la CE no prohíbe expresamente que otras materias puedan ser incluidas –vista su apertura constitucional-, y porque de la mencionada naturaleza Estatutaria como norma institucional básica, se deduce que su contenido material no se ago-

---

66 *Apud.* Fossas, (2008, pp. 168 y 169)

ta regulando solamente estas cuatro materias -también básicas-, en cuestión (Sánchez Amor, 2018, p. 2024).

Refiriéndonos en concreto a la delimitación del territorio establecida en el art. 147.2.b), puede verse como esta recoge un doble alcance. El primero, al que acabamos de hacer referencia, consistente en dotar simplemente de contenido mínimo al Estatuto[67]. El segundo, en cambio, abre la puerta a asumir diferentes competencias territoriales conexas, como son las de modificación que a este libro atañe.

Sobre la importancia de este elemento para las CCAA profundiza García Roca (2015, p. 422). En su opinión, parte de la autonomía de las Comunidades vendría caracterizada precisamente por poseer su propio sujeto territorial con personalidad jurídica. O lo que es igual, se caracterizan por tener autonomía territorial. Este razonamiento le resulta indudable, puesto que el territorio es constitutivo -*ex* art. 147.2.b) CE- de la Autonomía y al mismo tiempo límite al ejercicio de la autonomía.

Debe mencionarse de nuevo a la STC 99/1986 relativa al contencioso de Treviño, pues en ella, podemos observar como el Tribunal, entiende que el contenido del art. 147.2.b), se refiere tanto a la delimitación actual, como también a aquellas previsiones normativas para su alteración territorial hipotética. La opinión de Sánchez Amor (2018, p. 2024), en cambio, es que estas regulaciones no son estrictamente una aplicación del precepto, pues esta solo exige la delimitación como contenido mínimo. Es más, critica severamente a esta argumentación dada por parte del Constitucional; puesto que, en su opinión, aceptar tal tesis, implicaría que toda regulación futura sobre el territorio devendría obligatoria como contenido mínimo desde el primer momento de la aprobación de su Estatuto, a toda Autonomía que tuviera: enclaves, pretensiones territoriales sobre otro territorio, u otras circunstancias territoriales, como una verdadera cláusula correctora. Si bien, finalmente si llega a coincidir con el Constitucional en admitir como legitimas aquellas regulaciones sobre modificaciones territoriales.

Por tanto, el cuestionamiento a realizar en consecuencia es, si de los anteriores razonamientos se puede extraer una competencia implícita o conexa con este precepto; o, si, por el contrario, las altera-

---

[67] Insiste sobre esta idea Calafell (2014, 223), de tal modo que "conforme a este carácter, los estatutos de autonomía habrán de regular necesariamente una serie de extremos -también básicos- relativos a la correspondiente comunidad autónoma, entre los que está la delimitación de su territorio".

ciones territoriales deben buscar su fundamento en otros preceptos. Existen, por ende, dos posibilidades. Que se derive directamente del art. 147.2.b) CE como parte del contenido mínimo. O bien, que se asuma como competencia autonómica en tanto que, no ha sido atribuida expresamente –*ex* art. 149.3 CE- al Estado.

Habida cuenta de que no existen mecanismos explícitos que arrojen luz sobre cómo realizar dichas alteraciones territoriales -al mismo tiempo que no se encuentran proscritas-, parece validarse la tesis de Sánchez Amor; de manera que sería una materia plenamente asumible por los EEAA, en tanto que no ha sido atribuido expresamente al Estado, pero sin ser una materia obligatoria que deba regularse por parte de las distintas Autonomías. Parece evidente, por tanto, que unas CCAA verán necesario adoptar disposiciones en tal sentido, mientras otras no lo verán necesario. Reforzando así, el fundamento del principio de voluntariedad en su vertiente material.

Llegados a este punto, se debe diferenciar entre las dos posibilidades existentes de alteraciones territoriales. Esto es, entre alteraciones que impliquen aumentar el número de CCAA existentes o aquellas que no. Ya que, para el procedimiento concreto de crear nuevas CCAA si existe regulación en la CE, como expusimos en el capítulo anterior.

En relación con estas últimas, cuando autores como Fossas, entienden que una hipotética creación de una nueva CCAA no provendría del principio dispositivo –*ex* art. 2 CE-, sino por medio de las reformas estatutarias, es porque valoran que el sujeto de la iniciativa debe fundar su pretensión en la aquiescencia del territorio al que pertenece, esto es, aquel que posee el principio dispositivo para reformar su normativa básica. Pues, como expone Ruipérez (1987, p. 174), "el interés de la Comunidad Autónoma se ve protegido frente a la provincia en cuanto que, en virtud del artículo 147.2, b), de la Constitución, toda alteración del ámbito territorial deberá, en la medida en que su delimitación ha de formar inexcusablemente parte del mismo, realizarse a través de la reforma estatutaria, es decir, con la aprobación de los poderes públicos de la región autónoma".

En ese escenario, la aquiescencia podría abarcar dos cuestiones diferentes. La primera -en consonancia con lo aquí expuesto-, pasaría por una simple reformulación de su ámbito territorial consistente en alterar la delimitación de su territorio en el EA, una vez se produzca la segregación que, si bien permite, no regula su procedimiento. La segunda, en cambio, se produciría al regular precisamente un procedimiento *ex novo* para esta situación. Basándose en la carencia de regulación, la no atribución de competencia Estatal en tal materia, y en la propia redefinición de su territorio como competencia propia. Lo cual solamente podría afirmarse de la misma manera que las otras alteraciones, planteando que no existen procedimientos estatales que lo regulen, lo cual es incierto.

Es decir, que, para llegar esta conclusión debe sostenerse la desuetudo de los procedimientos constitucionales del Título VII. Extremo, que anteriormente se ha rechazado, en tanto que, se ha defendido que podrían operar como marco jurídico ante tal hipotética situación. La cuestión no es baladí, porque afirmar que una CCAA tiene competencia para regular la creación de nuevas CCAA, implicaría darle más poder a su propio principio dispositivo en fase de reforma, que en la fase estrictamente originaria. Incide en este extremo Fossas (2008, p. 166), de manera que, si la desconstitucionalización en fase de reforma pudiera maximizar los efectos del principio dispositivo hasta su desnaturalización, implicaría una mutación constitucional vedada, en cuanto que, por medio de las reformas estatutarias se pretendería modificar la CE.

II. MODIFICACIONES QUE AFECTAN A LOS LIMITES AUTONÓMICOS

Como se ha venido realizando, es importante diferenciar bien entre ambas posibilidades. Esto es, entre producir alteraciones territoriales de diferente signo, o crear nuevas Autonomías. De tal manera que, a las primeras, les estarán reservados los dos primeros apartados; mientras que la última posibilidad aparecerá en el tercer apartado.

En tal sentido, se pondrán de manifiesto tanto las situaciones actualmente reguladas en los diferentes textos estatutarios, como otras cuestiones, que podrían llegar a establecerse en los EEAA. De tal modo, sendas cuestiones, ofrecerán una perspectiva más práctica de lo anteriormente expuesto a nivel teórico.

1. ANEXIONES Y SEGREGACIONES -PROVINCIAS Y ENCLAVES-

La primera categoría de alteraciones territoriales a la que se referirá este apartado, es aquella que se produce cuando la porción de tierra a separar de su actual CCAA se agrega *ipso facto* a otra Comunidad existente (Aguado, 1997, p. 153). Se trata de una disposición que solamente provoca una mutación de ambas CCAA en dicho extremo, sin causar una profunda revisión del Estado autonómico. Asimismo, puede entenderse como un factor de corrección de los límites territoriales en aquellas Autonomías en las que históricamente sus límites no se corresponden con los actuales; aunque al mismo tiempo encierran en sí mismas pretensiones con un carácter ciertamente irrendentista.

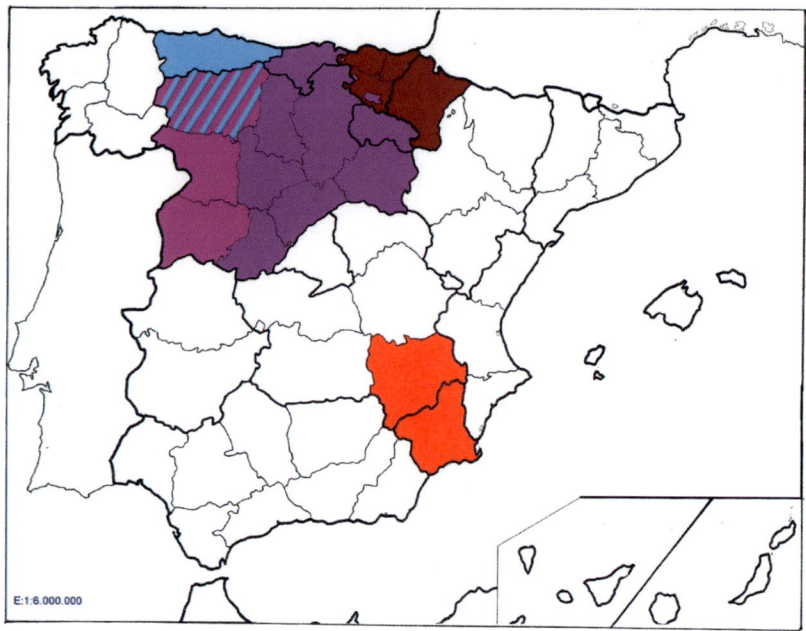

■ Art. 2 y 56 del EAAs que podría afectar a Asturias y a la provincia de León

■ Propuesta UPL de reforma del EACyL incluyendo un nuevo art. 92

■ DT 7ª EACyL correlativa a los arts. 58 EACan y 44 EALR (derogados)

■ DT 4ª CE incorporada en los arts. 2 y 47.2 EAPV y DA 2ª LORAFNA

■ DA 2ª EARM referido a la alteración de los límites territoriales, y posible recuperación de la provincia de Albacete

Fig. 12.- Modificaciones territoriales contempladas en los EEAA[68].
Fuente: Elaboración propia.

En este sentido, debe citarse de nuevo la situación del Condado burgalés de Treviño. Sin entrar en el conflicto normativo existente entre el art. 8 EAPV y la DT 7ª. 3 EACyL -que resolvió la mencionada STC 99/1986-, se ve, cómo existe una disposición de origen y otra de recepción en los respectivos Estatutos. De esta manera, la DT

---

68 No se incluye Andalucía ni Aragón, dado que sus disposiciones se refieren a territorios infraprovinciales.

7ª 3. EACyL, tras establecer un procedimiento, remite al "cumplimiento de los requisitos de agregación exigidos por el Estatuto de la Comunidad a la que se pretende la incorporación", mientras que el apartado c) del art. 8 EAPV, establece que para concluir la anexión "que los aprueben el Parlamento del País Vasco y, posteriormente, las Cortes Generales del Estado, mediante Ley Orgánica".

También, como disposiciones de anexión infraprovincial encontramos al art. 10 EAARr, y a la DA 1ª EAA, la cual resulta interesante, pues se refiere a Gibraltar, un territorio extranjero. Es más, el propio Informe del Consejo de Estado se refiere indirectamente a este territorio cuando expone la conveniencia de mantener el art. 144.b) CE en una hipotética reforma constitucional, por la posibilidad implícita de utilizarse en caso de una incorporación futura de Gibraltar. En este mismo sentido favorable se posicionan entre otros, Belda (2008, p. 113), y Fondevila (2016, p. 180).

Si se muestran pretensiones territoriales que impliquen a provincias completas[69], se debe hacer referencia a dos preceptos estatutarios. Que si bien, no lo hacen expresamente; se pueden intuir implícitamente, en base a hechos históricos y culturales.

El primero, es el art. 2 del EAAs, al añadir una coletilla inusual para producir una modificación territorial remitiendo al art. 56 relativo a la reforma del Estatuto. Podría pasar simplemente como una atribución competencial extensiva del art. 147.2.b) CE, pero lo cierto, es que la existencia de un debate durante la transición acerca de la conveniencia de incorporar por motivos históricos y culturales a la provincia de León en torno a una Comunidad Asturleonesa[70] -la cual se descartó por motivos políticos, al considerarse que podría suponer una Comunidad hegemónica de izquierdas-, pudieron llevar al estatuyente asturiano a incorporar dicho matiz, para llegado el hipotético caso, alterar los límites territoriales Asturianos. Si bien en la actualidad esta opción aún no pasa de la anécdota.

En la Región de Murcia, en cambio, se optó por incluir la referencia en lugar de en el articulado, en la DA 2ª. Del mismo modo, puede

---

69 Sobre la DT 7ª EACyL, el art. 44 EACan, y el art. 58 EALR, se referirá el apartado siguiente, por resultar una situación que implica consecuencias diferentes.

70 *Vid.* esta noticia publicada en La voz de Asturias por Ordóñez, Luis: *La comunidad asturleonesa, la autonomía alternativa que nunca existió,* publicado el 28/11/2019 (consultado el 15/12/2019) en el siguiente enlace: https://www.lavozdeasturias.es/noticia/asturias/2019/11/28/comunidad-asturleonesa/00031574958962480184989.htm#comments, donde se arroja luz sobre esta desconocida cuestión de la transición.

parecer una simple remisión de una atribución genérica de la competencia de alterar sus límites territoriales. Pero lo cierto, es que los territorios que adoptan este tipo de menciones han sufrido algún tipo de indeterminación en su origen autonómico. En territorio murciano la problemática se dio con Albacete, la cual había pertenecido históricamente a la Región de Murcia. Sin embargo, cuestiones como los recelos entre Albacete y Murcia por la Audiencia Territorial, la Universidad, o el Trasvase Tajo-Segura, sumados a la escasa relación económica y cultural entre las dos provincias, terminaron por provocar unas reticencias insalvables en territorio Albaceteño respecto a la unión con Murcia[71]. Durante el periodo preautonómico se incluyó a Albacete en el ente Castellano-Manchego, pero lo cierto, es que a la hora de ejercitar la vía autonómica de los municipios del art. 143.2, hubo parte de ellos –aquellos que, como Hellín, se encontraban más al sur de la provincia- que optaron por una unión con Murcia, en vez de con Castilla-la Mancha. Aunque, finalmente, y dado el veto a las alteraciones provinciales durante la construcción del Estado de las Autonomías, se optó finalmente por incluir a Albacete al completo con Castilla-la Mancha, aunque parte de ella fuera históricamente parte de la región murciana.

2. Disoluciones y fusiones autonómicas

Aunque podrían considerarse agregaciones y segregaciones territoriales como las del anterior apartado, lo cierto, es que implican situaciones completamente diferentes. Y precisamente por su naturaleza y consecuencias, contienen requisitos jurídicos distintos.

Lo que se debe cuestionar en este sentido, es si existe algún límite jurídico para el estatuyente, o, si, por el contrario, pueden decidir libremente cualquier alteración territorial. Incluso en las que conlleven su propia disolución como Comunidad.

---

71 CONESA, Ginés: *Cuando Murcia dejó de ser dos,* publicado el 7/12/18 (consultado el 21/12/2019) en el siguiente enlace: https://www.laverdad.es/40-aniversario-constitucion/regiondemurcia/murcia-dejo-20181204122752-nt.html, explica cómo "Cuando de niños recitábamos en voz alta la distribución territorial de España decíamos aquello de «Murcia, dos: Murcia y Albacete»", se debía a la distribución territorial del Real Decreto de Javier de Burgos de 1833. Pero lo cierto es que la situación regional de esta provincia es compleja, ya que como relata JARIQUE: *La Transición en Murcia. La cuestión territorial en Albacete,* publicado el 3/07/06 (consultado el 19/12/2019) en el siguiente enlace: http://www.jarique.com/territ_albacete_causas.htm, los dos tercios al norte de la provincia históricamente has sido manchegos, mientras que el tercio más al sur se identificaba más con la Región Murciana.

Como se vio en el capítulo anterior, el art. 145.1 CE no es un precepto cuyo alcance sea pacífico. Por un lado, hay un sector doctrinal, que opina que este artículo viene a proscribir la configuración de un escalón intermedio entre el Estado y las CCAA, pero sin que pueda confundirse la federación con la fusión –prohibiendo solamente las primeras-. Mientras que otro sector lo considera, atendiendo a motivos históricos, una prohibición a establecer futuras uniones autonómicas, entre las que se podrían encontrar unos hipotéticos Países Catalanes, o la anexión de Navarra al País Vasco, pues, como expresa García Morales (2018, p. 1995), "el peso de la historia española estuvo muy presente durante el proceso de elaboración de este precepto, tal y como atestiguan los debates constituyentes en los que planeaba tanto el temor a unos futuros Países Catalanes, como la anexión de Navarra al País Vasco". Aunque, en palabras de García Roca, (2015, pp. 480 y 481), esta prohibición "produce una verdadera laguna constitucional al impedir la agregación o fusión futura de Comunidades Autónomas ya existentes". Suponiendo a su juicio, un precepto desafortunado que se ve mitigado gracias a las disposiciones estatutarias -las mencionadas en este apartado-, pero sin que sean suficientes para evitar este error, por caer en el optimismo histórico de pensar que el acuerdo territorial sea perpetuo. Respecto a la fusión entre País Vasco y Navarra, parece que estaría exenta de polémica al tratarse de un caso de "ruptura o quebrantamiento constitucional" en tanto que, sobre ella no puede operar tal prohibición al haberse constitucionalizado en la DT 4ª CE como una propia excepción a la norma (Ruipérez, 1987, p. 175).

Habría que preguntarse, por tanto, sobre la constitucionalidad de la DT 7ª EACyL, el art. 58 EACan, y el art. 44 EALR, que regulaban la hipotética reunificación de Castilla la Vieja, por recomendación de los Acuerdos autonómicos de 1981. Aunque estos acuerdos, lo circunscribieron más, a la reincorporación de ambas provincias en el marco territorial del ente preautonómico Castellano y Leonés, del que se terminaron desgajando. De hecho, la incorporación en sus Estatutos de ambos preceptos generó gran polémica al considerarse que laminaba su autogobierno, y se tuvo que incorporar en la fase de enmiendas al Estatuto en las Cortes Generales, ante las reticencias de los estatuyentes a incluirlas en la fase oportuna. Ruipérez (1987, p. 177) valora esta cuestión, entendiendo que la propia fórmula establecida logra salvar el veto del art. 145.1 al suponer un aparente "quebrantamiento inconstitucional de la Constitución". Dado que, establece el requisito de producir su disolución previa, o lo que es lo mismo, el retorno al *status* de provincia directamente dependiente del poder central para La Rioja y Cantabria. Y así, posteriormente realizar una ampliación del EACyL a estos dos territorios, y no produciendo una federación de Autonomías propiamente dicha. Realmente, en su opinión, sendas disposiciones siguen el esquema de las Constituciones Federales, en tanto que esa hipotética fusión, requeriría la aceptación por parte de los parlamentos regionales, y finalmente la aprobación por parte de las Cortes Generales por medio de LO.

Esta posibilidad –aunque realiza una singular regresión al régimen general, mientras se incorpora por medio de una iniciativa simulada- podría tener sentido siempre que se dé un condicionante previo. Y es, que en base a los requisitos constitucionales para formar una Autonomía pluriprovincial, pudieran integrarse en la misma iniciativa autonómica. Es decir, que no se produzca una distorsión constitucional en fase de reforma, alcanzando más, de lo que podrían haber realizado durante su propia iniciativa.

Este sería el ejemplo de una hipotética fusión de la antigua Corona de Aragón, pues, siguiendo el mismo esquema que en territorio castellano, podrían llegar a unificarse Aragón, Cataluña y Valencia, pero, respecto a las Islas Baleares existe una limitación en el propio art. 143.2. Así, los territorios insulares no se podrían considerar limítrofes al resto de las provincias afectadas, y, por tanto, ni hubieran podido ejercer la iniciativa juntos, ni, por tanto, tampoco lo podrían realizar hoy día mediante una eventual fusión. Remarca así García Roca, (2015, p. 226), que "hay autores que incluso afirman que la condición de «limítrofes» que el artículo (...) exigía a las provincias que quisieran acceder a la autonomía, tenían su significación en impedir la federación de Cataluña y Baleares".

Este límite podría denominarse de la birregionalidad. Relacionándose estos límites incluso con la prohibición de federación entre CCAA. Puesto que el art. 2 reconoce la autonomía a las nacionalidades y regiones para sí mismas, es decir, individualmente a cada una de ellas. Como sabemos, el alcance de este artículo debe complementarse con el art. 143. De modo que, serían regiones aquellas que cumplieran dichos requisitos establecidos. En cambio, si se valora la posibilidad de realizar grandes fusiones autonómicas -como es la pretensión de ciertos sectores castellanistas en torno a la "gran Castilla"-, destaca la dificultad evidente de unificar 5 CCAA y 17 provincias en torno al mismo ente administrativo. González Clavero, (2004, pp. 714 y 717), explica que, si bien, "durante la construcción del Estado de las autonomías no se llegó a plantear en medios políticos la posibilidad de construir una autonomía castellanoleonesa que abarcara 17 provincias —más del doble de las provincias de la autonomía andaluza—, sí que hubo desde los ochenta una corriente de pensamiento que abogó por esa fórmula". En este sentido, "los principales defensores de esta concepción, Juan Pablo Mañueco y Antonio Hernández Pérez, eran de origen alcarreño". El primero comprendía a Castilla desde una perspectiva nacionalista, al percibirla como una realidad objetiva con "lengua y cultura propia, tradiciones autóctonas, y una trayectoria histórica diferenciada y colectiva". Pero lo cierto es que su concepción del "País Castellano" –como un "todo culturalmente homogéneo y etnológicamente idéntico-, choca sobremanera con las reivindicaciones de otros movimientos como el leonesista. De hecho, este autor, entiende que los territorios leoneses se habrían castellanizado ya, de manera que León formaba parte del mismo pueblo, pese a "algunas resistencias a aceptar este hecho" en la provincia leonesa más septentrional. Además, como explica García Roca, (2015, 480), incumpliría también el art. 145.1, puesto que, "si lo que se temía por el constituyente era la Constitución de una «macrocomunidad catalana» que por sus dimensiones espaciales de población e incluso económicas pudiera imponer su hegemonía al resto del Estado pueden conseguirse resultados contrarios pues se está paradójicamente consagrando la división de la «Gran Castilla» en distintas Comunidades Autónomas, impidiéndose además, mediante este precepto, una futura y voluntaria agregación".

La cuestión entonces pasaría por determinar si las evidentes divergencias económicas, sociales, culturales e históricas harían esta pretensión inviable, de modo que esa hipotética comunidad no se justificase tampoco respecto al art. 143 CE. La existencia de identidades diferenciadas de la castellana por parte de leoneses, manchegos, riojanos o cántabros hace pensar que este proyecto homogeneizador tiene pocas perspectivas de éxito. De hecho, como expone González Clavero, (2004, p. 719), Mañueco -no el actual presidente de la Comunidad de Castilla y León-, como partidario de esta "gran Castilla", intentó demostrar que tanto los riojanos, los cántabros, los manchegos y los leoneses eran parte de la nación castellana, llegando a considerar a los leonesistas como "secesionistas de la nacionalidad castellana". Lo cierto es, que, como se verá en el último capítulo, este nacionalismo se nutre tanto de la aculturación y confusión de la identidad castellana con la española, como de la reinterpretación historiográfica para sostener sus pretensiones territoriales. Parece que ello -sumado a las evidentes tensiones territoriales que generaría, y la complicada justificación en base a su eficiencia-, lleva a que deba proscribirse que hoy en día se realice por medio de las correspondientes reformas estatutarias.

3. Creación *ex novo* de **CCAA** estatutariamente

Este apartado, profundizará sobre la clase de alteración territorial más compleja y que más consecuencias prácticas conlleva. Y aunque parezca que es una ficción que no se ha llevado nunca al terreno estatutario, lo cierto es que sí existe un ejemplo.

Este es el caso de Navarra. No el precedente al que hemos hecho referencia, de la DT 4ª CE y sus concordantes estatutarios. Sino otra situación hipotética, que debe darse tras la primera situación eventual –esto es, que se unifique Navarra al País Vasco-. Así, la DA 2ª b) de la LORAFNA prevé el único caso de segregación autonómica existente en todos los EEAA (Aguado, 1997, p. 153). De esta manera, le reserva al Parlamento Navarro, la facultad no solo de unirse al País Vasco, sino, llegado el caso, ejercer un procedimiento de segregación para volverse a configurar otra vez como CCAA uniprovincial. O lo que es equivalente, ejercería de nuevo su propia iniciativa autonómica, pero a través de un procedimiento distinto:

"El Parlamento será el órgano foral competente para: b) Ejercer, en su caso, la iniciativa para la separación de Navarra de la Comunidad Autónoma a la que se hubiese incorporado".

Dado que el caso Navarro se sitúa en el borde de la excepcionalidad normativa, puede aceptarse del mismo modo, que se pueda producir su eventual segregación tras la unión al País Vasco por un procedimiento especial. Pero lo cierto es que no deja de ser un precepto vacío de contenido. Puesto que, una vez que se produzca la unión, la normativa básica Navarra[72], debería reformarse en el sentido de perder su apariencia Estatutaria, y si se quiere, mantenerse como una regulación de su régimen foral como una ampliación de la autonomía local. Así, el lugar para regular la hipotética segregación, debería ser el Parlamento vasco, según las atribuciones que establezca este Estatuto. El cual, ahora mismo no lo contempla, y de producirse una

---

72 Ugartemendia (2018, p. 2351), opina que "la incorporación de Navarra a la Comunidad Autónoma Vasca acarrearía también la necesaria reforma del Amejoramiento, el cual según establece el art. 71 de la propia LORAFNA, dada la naturaleza jurídica del régimen foral, no puede modificarse unilateralmente, sino a través del pacto entre Navarra y el Estado".

unión, su reforma prevé que solamente alcanzará la alteración en el sentido de ampliar su territorio -no parece pacífico, por tanto, que en dicha reforma automática pueda incluirse tal posibilidad-.

De este modo, y como se ha expuesto, aquí se sostiene, que una hipotética creación de una nueva CCAA sigue partiendo desde el principio dispositivo, y, por tanto, deben respetarse las disposiciones constitucionales del Título VIII. Ahora bien, si por el contrario se tomara la tesis del agotamiento normativo, sí podrían establecerse tantos procedimientos como Estatutos existen, en tanto que forman todos ellos parte del bloque de constitucionalidad. Si bien, una cuestión son los procedimientos para ejercer la iniciativa, o redactar el estatuto, y otra alterar los requisitos constitucionales para ser CCAA, lo cual ha quedado claro que es indisponible para el estatuyente.

Asunto a parte, sería el del marco competencial que alcanzaría la eventual nueva CCAA. Pues ya no existiría ningún condicionante material para que adoptase las competencias que más le conviniesen, independientemente del procedimiento utilizado[73] para ejercer la iniciativa. De modo que, aun realizándose su iniciativa por medio del art. 143 su techo competencial podría ser el máximo desde el primer momento.

Como ejemplos de movimientos que propugnan la creación de nuevas CCAA, encontramos primeramente al mancheguismo. Cuya peculiaridad es que pretende a 2 tercios de su actual CCAA. De modo que, más que la creación de una nueva Comunidad se podría considerar que lo que se persigue es segregar a sus territorios castellanos, y agregarlos a la comunidad castellana que corresponda -Guadalajara, y una parte de Toledo, Cuenca y Ciudad Real-. Su principal escollo pasa porque para realizarlo además requerirían alterar varios límites provinciales. Otro movimiento es el granadismo, que sostiene la separación de Andalucía en dos Autonomías. La parte occidental, coincidente con las provincias de Huelva, Sevilla, Cádiz y Córdoba constituirían la Andalucía Occidental o Baja Andalucía. Mientras que las provincias orientales, de Granada, Jaén, Málaga y Almería, formarían la Andalucía Oriental, Alta Andalucía o Región de Granada.

Pero, quizá el movimiento más característico en este sentido, por apoyo social y político hoy día sea el de León. Al cual se referirá extensamente el último capítulo.

---

73 Pues, como ya se expuso, el caso del art. 148, sería el único del que realmente podría considerarse producida una desuetudo o término producido en el articulado.

CAPÍTULO TERCERO.

LAS VÍAS PARA LA CREACIÓN DE UNA AUTONOMÍA LEONESA

LAS VÍAS PARA LA CREACIÓN DE UNA AUTONOMÍA LEONESA

El cometido de este capítulo es el de aplicar al caso concreto de la Región Leonesa lo expuesto en los dos anteriores, y corregir el error, que en palabras de Francisco Tomás y Valiente supuso durante la transición incluir León junto a Castilla en la misma Comunidad (Bartolomé, 2020, p. 223). De manera que, sucintamente se confrontará el marco jurídico actual con la posibilidad de alcanzar la eventual consecución de una Autonomía de la Región Leonesa. Pues, como se expuso se trata de la única Región Histórica del Real Decreto de Javier de Burgos de 1833, que finalmente no consiguió su autonomía de forma individual. Lo cual, representa la principal diferencia respecto de otros territorios a los que hemos hecho referencia y que tienen algún tipo de pretensión territorial, como La Mancha o la Región de Granada, o respecto de aquellos movimientos provincialistas como son el "cartagenerismo" respecto de Murcia o el "bercianismo".

Como explica Ferrer (2018, p. 88), el leonesismo no puede pasar por alto esta última tendencia, tanto política como social, dentro de las fronteras de León. Pues tuvo fuerte implantación en las décadas de los 80 y 90, consolidando el ideario colectivo en la actualidad. Se caracteriza por defender los intereses políticos, económicos y sociales de la comarca Berciana, con el objetivo de lograr un grado de autogestión similar al de una provincia. Es, como vemos, una tendencia que oscila entre el comarcalismo y el provincialismo; de manera que solamente son plenamente incompatibles con el ideario político leonesista, las corrientes: regionalista -más minoritaria, que pide para sí una CCAA uniprovincial-, y galleguista -que solicita su incorporación a Galicia, presente, en mayor medida, en aquellos municipios limítrofes a dicha Autonomía-.

Lo primero que se debe cuestionar en base a lo expuesto anteriormente es sobre la pervivencia de la Región Leonesa en la actualidad, y si se puede considerar un sujeto susceptible de cumplir los requisitos de los arts. 2 y 143 CE. En este sentido, cabe recordar, que los criterios para considerar a un territorio concreto como región o nacionalidad pasaba precisamente por satisfacer dichos requisitos constitucionales.

Así, la respuesta se encuentra en los distintos indicios afirmativos recogidos en los dos capítulos precedentes. Esto es, quedando acreditada su existencia mediante diferentes documentos jurídicos como son la LOTGC republicana de 1933 (art. 11.2) el Real Decreto de Javier de Burgos de 1833[74], o los diferentes acuerdos Internacionales refrendados por España durante la transición[75]. Asimismo, su virtualidad queda acreditada a través del INE[76] o el IGN, hasta el mismo periodo. El último reconocimiento lo realizó incluso el propio Gobierno respondiendo en el Senado a una pregunta parlamentaria del Senador de Compromís Carles Mulet[77].

La Región Leonesa, por tanto, no desaparece por crearse CyL, sino que pasa a formar parte de una CCAA en esencia birregional. Así, en palabras de Salgado (2016, p. 543), "la conformación de Castilla y León como comunidad autónoma en 1983 no conlleva necesariamente la falta de regionalidad de León, ya que la división de 1833 sigue vigente en tanto en cuanto no ha sido derogada ni por la Constitución ni por ninguna Ley posterior". Este hecho no se asume solamente desde el leonesismo, sino, que numerosos sectores políticos reconocen este fenómeno. El propio preámbulo del EACyL es una buena muestra de ello al determinar que la configuración territorial, se realiza en base a los criterios de una moderna unión -que no fusión[78]-, reconociendo implícitamente a las regiones preexistentes, es decir, tanto a la Región Leonesa como a Castilla la Vieja. Si bien, comete errores históricos de bulto[79] que alcanzan la cota máxima

---

74 *Vid.* Fig. 1.- Publicación en la Gaceta del Real Decreto de 30 de noviembre de 1833. (p. 27).

75 *Vid.* notas al pie núm. 18, núm. 19 y núm. 20.

76 *Vid.* nota. al pie núm. 21.

77 Para consultar el texto íntegro acudir al Anexo III: Reconocimiento de la vigencia a la Región Leonesa por parte del Gobierno.

78 Puesto que habla de unión moderna, se aleja de la mitificación de la unión en 1230 en vida de Fernando III, de las Coronas de León y de Castilla; de modo que lleva a la confluencia de ambos territorios *ex novo* en 1983. Asimismo, se habla de unión, y no de fusión, reconociendo implícitamente que existen dos territorios, leonés y castellano, sin que ni uno ni otro se haya convertido en cosa distinta, *Ibid.*, p. 546.

79 Hacer referencia a la *nodicia de kesos* como la huella más primitiva del castellano es acientífico. Por la época de la que data es difícil sostener que se tratase de un idioma ya consolidado, más allá de indicios de precursores de un romance. Ahora bien, por la zona en la que fue hallado, y los rasgos que contiene, de ser el precursor de una lengua romance, lo cierto es que sería el precursor de la lengua asturleonesa, y no del castellano. Error intere-

cuando se remonta a la unión de las dos Coronas medievales en el año 1230 (Prieto Arroyo, 2020, p 182).

Todas estas cuestiones no son superfluas, pues, coexisten dos posturas políticas e historiográficas enfrentadas:

Por un lado, el "duerismo" y un sector del castellanismo[80] entienden que Castilla y León son parte del mismo conjunto, incluso llegando a aseverar que León es una parte más de Castilla. Sorprende en este sentido Aguado Renedo, (1989, p. 109), al considerar, que, como León y Castilla presentan similitudes geográficas, es indudable que cuando se alude a León se la considere ya más como una provincia que como conjunto de provincias. De esto último advierte Diego (2019, p. 1), pues "el término deculturación alude al proceso de pérdida de la identidad cultural de un individuo o un pueblo, por el cual una comunidad va perdiendo sus características culturales de manera paulatina para adoptar otra distinta e impuesta mediante mecanismos de asimilación. En caso extremo, se llega incluso a rechazar la cultura propia. Tal es lo que se pretende con el Pueblo Leonés, en especial en las provincias de Zamora y Salamanca". Lo que sorprende de la opinión de Aguado, no es que exponga dicha afirmación, sino que no remarca lo grave del hecho, a causa de una profunda aculturación, asumiendo por el contrario que se trata de un proceso natural. Sobre el "duerismo" o regionalismo castellano-leonés, explica Díez Llamas, (1982, p. 25), que "tiene un epicentro indudable, Valladolid. Los tres movimientos Instituto Regional Castellano-Leonés (IRCL), Alianza Regionalista Castellano-Leonesa (ARCL) y Partido Nacionalista Castellano-Leonés (PANCAL) tienen tanto su origen como sus principales dirigentes en esa ciudad". Este sentir unionista, se ha camuflado dentro de las propias instituciones comunitarias, lo que ha producido que la ideología duerista pase a percibirse por toda la sociedad como un elemento neutro y apolítico.

Mientras, por otro lado, existe otro castellanismo, que sí respeta la identidad histórica de León, y lo considera un territorio diferente, compartiendo los objetivos de desgajar en dos partes la actual comunidad. Según Salgado (2016, 347), es la corriente del castellanismo

---

sado podría considerarse también cuando el preámbulo se refiere a la rivalidad entre las Universidades de Salamanca y Valladolid por ser la más antigua de España, puesto que considera a la última, heredera del Estudio General Palentino. Hecho que, en todo caso, no se encuentra consensuado.

80 A esta corriente castellana que propugna la unificación en torno a una "gran Castilla" incluyendo en ella a León, se le ha venido denominando como "pancastellanismo" por sus nociones irredentas.

que se conoce como "carreterismo", la cual ya en 1914 propuso la creación de una Mancomunidad de Castilla la Vieja que huyese del duerismo y de cualquier enlace con las provincias leonesas. De modo que, como expone Díez Llamas (1982, p. 49) durante el periodo preautonómico, el leonesismo del Grupo Autonómico Leonés, acordó en Benavente y Arévalo diferentes comunicados conjuntos y líneas de actuación con la asociación Comunidad Castellana tendentes precisamente a respetar mutuamente a León y Castilla, y posicionarse en contra de la unión de ambas regiones.

Por este motivo, existen dos relatos historiográficos enfrentados que conviven en la actual autonomía, e imposibilitan una visión política y cultural única. Es más, este criterio identitario es parte del sustento ideológico leonesista, que surge como reacción a las pretensiones de su borrado institucional como sustrato territorial y cultural. Pero no es su único sustento, pues, habida cuenta de la birregionalidad, la evolución de ambas regiones durante los 40 años de vigencia del ente administrativo, han arrojado numerosas diferencias entre uno y otro territorio. De hecho, esta realidad se oculta precisamente por presentar las estadísticas en conjunto y no regionalizadas. La terrible evolución demográfica del noroeste (Salgado, 2019, 17-23, *passim*), la baja tasa de actividad[81], el desempleo[82], o la diferencia por renta per cápita[83], quedaron invisibilizados no solo de cara a la sociedad, sino incluso a la hora de recoger fondos de cohesión europeos, reportando pérdidas para la Región Leonesa, de más de mil millones de euros tanto en el periodo 2007-2013 como en el de 2014-2020[84]. Precisamente, la renta per cápita es el indicador utilizado por parte de la UE de cara a repartir los fondos de cohesión entre las regiones estadísticas creadas por cada Estado, denominadas "NUTS-2". De este modo, por encontrarse la parte castellana de la comunidad por encima de la media de las regiones europeas se compensan los pésimos datos de las leonesas. Lo que, al arrojar los datos en conjunto, provoca que la inversión de la UE en la comunidad haya venido siendo muy inferior a la que hubiera correspondido si la Región Leonesa hubiera contando con una NUTS 2 propia, lo cual estaba permitido por el Reglamento 1059/2003 en su art. 3.5.

---

81 *Ibid.*, p. 46.

82 *Ibid.*, pp. 43-45, *passim*.

83 *Ibid.*, pp. 26-29, *passim*.

84 Salgado, 2020, p. 32.

Al igual que escribiera Díez Llamas (1982, p. 9)[85] en la transición, nos mostramos favorables a debatir el encaje territorial de la Región Leonesa en esta comunidad –quizá hoy con mayor fundamento, al hacerse tras 40 años de experiencia comunitaria-. Por ello mismo, en los próximos apartados se confrontará lo expuesto durante todo el trabajo con la posible aplicación práctica al caso leonés –si bien, extrapolable a otras situaciones-.

I. POSIBILIDADES JURÍDICAS DESDE LA CONSTITUCIÓN

En este sentido, cabe el cuestionamiento de si existe disponibilidad de un procedimiento específico por parte de la Región Leonesa en la actualidad, o, por el contrario, no depende de sí misma para optar a su autogobierno. Por este motivo, se hablaría de un problema de voluntad política si León tuviese ya a su disposición el acceso por las vías constitucionales y su impulso dependiera exclusivamente de él. O lo que es lo mismo, tuviera intacto su principio dispositivo. En cambio, al afirmar que se depende de un cambio estatutario o bien de una reforma constitucional, se estaría privando de toda posibilidad a un sujeto constitucional con un singular derecho dispositivo a ejercerlo. Es decir, habría un verdadero problema de voluntad política si dicho sujeto tiene plena disposición del principio de voluntariedad y puede ejercer sin interferencias, y sin aquiescencias, su propia iniciativa Autonómica.

Otra cuestión es el cómo se fraguó el Estado autonómico. El cual, no estuvo exento de presiones e intereses de partidos alejados de la voluntad popular. Los casos leonés, segoviano o andaluz, por distintos motivos, son solo algunos de los ejemplos que pueden recordarse. Díez Llamas (2019, pp. 78-80) y Prieto Arroyo (2020, p. 169) entienden el modelo de Martín Villa como fracasado. Precisamente, flexibilizar y limitar el principio dispositivo mediante presiones de partido aludiendo a una supuesta necesidad de crear una comunidad central que se contrapusiera los nacionalismos periféricos ha resultado un fracaso. Ni se ha creado un territorio fuerte y cohesionado, ni se ha influido este territorio en solventar de ninguna forma el con-

---

85 De esta manera, expresó, que "para evitar la desfiguración ideológica, Ralf Dahrendorf proponía efectuar una declaración expresa de los valores que guían al sociólogo, en sus investigaciones. De acuerdo con este posicionamiento nos presentamos como defensores de una autonomía leonesa".

flicto vasco o catalán. Aludir a los motivos de Estado para mantener el *statu quo* actual, hoy día no tienen sentido alguno.

A parte queda la cuestión política y sociológica. De modo que, si se valora la transversalidad de la solicitud leonesista no se puede considerar que, únicamente sean los partidos regionalistas PREPAL[86], UPL[87], el extinto PAL-UL o más recientemente Alantre, los que han solicitado dicha autonomía, ya que, por el contrario, han existido desde la transición voces discordantes dentro de los partidos de corte nacional. Ciertamente, la postura de los partidos nacionales mutó numerosas veces durante el periodo preautonómico. De manera que, exceptuando al PCE que se mantuvo fiel a su postura de unir a León y Castilla, el resto oscilaron entre apoyar dicha opción, o secundar una autonomía leonesa. Martínez Pérez (2009, p. 1045), se refiere al cambio de posición de UCD y PSOE en 1980, pero lo cierto es que incluso AP y posteriormente el PP terminarían por acabar aceptando el statu quo de la CCAA. Ahora bien, a nivel regional han existido desde entonces numerosos ejemplos de miembros del PP y PSOE que han apoyado de algún modo las tesis leonesistas. Así, tanto en la década de los 90', como en los 2000 desde la Diputación de León se aprobaron mociones favorables a una autonomía leonesa con apoyo de ambos partidos. Además, en Zamora las Juventudes del PSOE[88] han venido organizando jornadas de debate sobre la Región Leonesa, reconociendo su vigencia y planteando perspectivas de futuro. Incluso, más recientemente las Juventudes Socialistas de la provincia de León, se han posicionado abiertamente a favor de la Autonomía

---

86　Fundado por influjo del GAL, GRES y CCZZ, en Zamora en 1980, fue el primer partido leonesista en presentarse a comicios. Según Ferrer (2018, p. 70), "mantuvo viva la lucha por una comunidad autónoma sobre todo en la provincia de Zamora". Si bien, donde estuvo más cerca de conseguir representación autonómica en las primeras elecciones fue en León y Salamanca. Lo cierto es que, pese a ser pioneros en la lucha leonesista, y siendo partícipes de hitos como la multitudinaria manifestación de 1984, a partir de ese momento, lejos de beneficiarles electoralmente, provocó escisiones y el surgimiento de otras formaciones, que les llevó a perder paulatinamente apoyo en las urnas.

87　La necesidad de convergencia política daría como resultado a UPL en 1991, formada por 7 asociaciones entre las que estaba UNLE (fundado en 1986). Si bien, tanto el independiente Juan Morano, como PREPAL, prefirieron quedarse fuera, quedando el intento de unidad frustrado. Aunque no significó un fracaso, habida cuenta de los resultados obtenidos en los 90', y 2000 que mediante pactos en Zamora (ZU y UPZ), y Salamanca (con el sucesor de USI, UPSa), le llevaron a ser 3ª fuerza destacada en la Región. (*Ibid.*, p. 77).

88　Castaño, Rebeca: *Benavente acoge la III jornadas sobre Región Leonesa este sábado organizado por Juventudes Socialistas*, publicado el 19/07/2019 (consultado el 19/11/2019) en el siguiente enlace: https://interbenavente.es/art/33107/benavente-acoge-la-iii-jornadas-sobre-region-leonesa-este-sabado-organizado-por-juventudes-socialistas

de la Región Leonesa[89]. Aunque, quizá el mayor quebradero de cabeza vino a partir de 2019 por medio del alcalde de León, como se verá más adelante.

1. LA INVOCACIÓN DEL CAPÍTULO AUTONÓMICO -TÍTULO VIII, CAPÍTULO III DE LAS COMUNIDADES AUTÓNOMAS-

Este apartado valora la posibilidad de que León ejerza una iniciativa autonómica en la actualidad. Debiéndose tener en cuenta, tanto el debate del agotamiento normativo, como la tesis del conflicto normativo. Ahora bien, independientemente de ello, debe determinarse en primer término, si ante un eventual proceso autonómico leonés, cumple los requisitos constitucionales. Pues, como se ha explicado, ello es *conditio sine qua non* incluso ante el escenario de producirse su iniciativa a causa de una reforma estatutaria.

Así, la existencia como región por parte de León al momento de promulgarse la Constitución, le facilitaba optar a su propio autogobierno en virtud del art. 2 CE, siempre que cumpliera los requisitos del art. 143.1 CE. En este sentido, cabe decir que ese control le correspondería efectuarlo al Congreso de los Diputados en el momento de tramitar su Estatuto. Sobre el concreto cumplimiento, hay que recordar que debían acreditarse dos extremos; el primero que las provincias fueran limítrofes entre sí -lo cual no reporta ninguna dificultad práctica en este caso-; y el segundo que tengan características históricas, culturales y económicas comunes. Cuestión distinta sería la de una iniciativa uniprovincial de León. De este modo, el requisito que debería de cumplir es el del carácter regional histórico. Sin embargo, al ser León parte de una región histórica triprovincial, y teniendo en cuenta los límites que marco la STC 100/84 para el caso segoviano, parece que la posibilidad para permitir esta opción pasaría por invocar las vías extraordinarias del art. 144.a) o bien por flexibilizar extensivamente el requisito exigido.

Ahora bien, centrando a la Región Leonesa en su conjunto, se debe valorar la primera de las características, que da un valor especialmente importante a los lazos comunes históricos. Constitucionalizando, por tanto, el criterio histórico como punto de partida para poder optar a una CCAA pluriprovincial. Lo cierto es que dicho

---

89 LEONOTICIAS: *La Juventudes Socialistas apoyan la autonomía leonesa y piden al PSOE «valentía»* publicado el 13/12/2023 (consultado el 14/12/2023) en el siguiente enlace: https://www.leonoticias.com/leon/juventudes-socialistas-apoyan-autonomia-leonesa-piden-psoe-20231213092401-nt.html

requisito conecta de algún modo con la herencia territorial del Estado, lo que, de otro modo, se concreta con el citado Real Decreto de 1833, que reconocía la existencia de territorios subestatales. Así, dicho documento normativo, vino a realizar una adscripción regional moderna sin obviar la propia herencia histórica de cada territorio. Por ende, el Reino de León, ya como Región de León, fue la heredera de un territorio con singularidad propia desde la creación del *Asturorum Regnum* en el año 718[90]. Dicho reino, evolucionó a lo que sería el Reino de León medieval[91], el cual se mantuvo independiente durante más de tres siglos. Pero, lo cierto, es que, tras la unificación de las Coronas Leonesas y Castellanas, no se produjo una confusión territorial, sino que, se mantuvo inane el territorio leonés dentro de la última Corona. Se ha extendido un falso mito sobre la unión de ambas Coronas en 1230. Este hito, supuso que territorios dispares como Galicia, Vizcaya o Murcia se encuadrasen en la misma, sin que hoy día nadie asuma que sean territorios castellanos. Esta cuestión es abordada desde el propio castellanismo como explica Salgado (2016, p. 339, de la siguiente manera: "La referencia a la España interior como «Castilla» se empezó a extender, empleándose para describir a las provincias leonesas, lo que le valió las iras del castellanismo, que no concebía cómo se podía describir como castellanos a territorios que no habían formado parte de Castilla la Vieja: *no existe en España nada tan desconocido como Castilla la Vieja, que confunden unos con Castilla la Nueva, su región hermana, y otros con León, su vecina, sin que se explique porque confunden con Castilla a León, y no hacen lo mismo con Extremadura, Galicia, Asturias, etcétera, que históricamente están con Castilla en la misma relación que León*".

Esta situación se mantuvo precisamente hasta la extinción propiamente dicha de los reinos medievales por medio del mencionado decreto de Javier de Burgos, no existiendo por tanto ningún periodo de la historia en el que la Región Leonesa y Castilla la Vieja formaran fusionadas, parte del mismo conjunto, hasta 1983.

La referencia cultural, en cambio, alude al sustrato ideológico regional del territorio sustentado sobre las tradiciones comunes y la querencia social. Al fin y al cabo, este elemento tiene mucho que ver con el anterior, pues la continuidad territorial común de las provincias

---

90   Así, Chao (2017, p. 96), relata que "las primeras crónicas no suelen mencionar el nombre del reino, aunque Albeldense lo llama «reino de los ástures» («Asturorum Regnum»)".

91   "En cuanto se aborda la historia del reino de León, aparece como fecha ineludible el año 910, cuando se tiene noticia del traslado de la capital del hasta entonces reino de Oviedo al antiguo campamento romano de *Legio*". *Ibid.*, p. 17.

de León, Zamora y Salamanca en torno a la vía de la plata a lo largo de la historia, han configurado su propia idiosincrasia y su folclore. La existencia de una lengua propia en la Región Leonesa, como paradigma de la herencia del patrimonio inmaterial del Reino de León -pese a su amenazada situación-, es otro rasgo más que no se comparte con el territorio castellano. Precisamente, la tutela en la Región Leonesa de las diferentes variedades de asturleonés -senabrés, parla del Rebollar, cepedanu, patsuezu, etc.- ha sido ignorada en la práctica por parte de la administración autonómica, pese a encontrarse protegidas bajo el glotónimo de leonés en el art. 5.2 EACYL. Este hecho, se conecta con la visión histórica del nacionalismo castellano, al punto que, como indica Clavero (2004, pp. 717 y 718), para Antonio Hernández Pérez, Castilla es una nacionalidad, en tanto que representa "una comunidad humana culturalmente homogénea y etnológicamente idéntica", de manera que, "posee una historia, una lengua, una cultura, y por supuesto una identidad de origen". Sin embargo, si se considera que un rasgo esencial de Castilla es aquel de la lengua común, y habida cuenta que en su concepción de Castilla estaría incluida León; solo parece sostenerse este argumento, tras minimizar y obviar la existencia de rasgos heterogéneos como precisamente son, entre muchos factores, otra lengua singular y común presente precisamente en territorio leonés.

Ahora bien, medir el elemento cultural en conjunto, y la autopercepción que pueda tener cada ciudadano de su propia conciencia identitaria es complicado. Una forma por la que se puede profundizar sobre esta cuestión es por medio de manifestaciones sociales y encuestas de opinión. Desde esta perspectiva, en clave histórica, Martínez Pérez, (2009, pp. 1041 y 1042), recoge las cifras aportadas por la policía y Gobierno Civil respecto de las manifestaciones proautonomía leonesa realizadas durante la transición, que contrastan con la inexistencia de manifestaciones proautonomía castellana y leonesa. Así, el crecimiento fue paulatino, pasando de los 4.000 y 10.000 asistentes en las de 1978 y 1980 respectivamente, a llegar a las multitudinarias de 1983 y 1984 con 20.000 y 35.000 personas respectivamente. Si bien, las cifras manejadas respecto a dichas movilizaciones por otras fuentes son superiores, llegando en el caso de la última, incluso a superar las 100.000 personas, con participantes de las tres provincias leonesas. Asimismo, tras las primeras elecciones municipales en 1979, UCD obtuvo la mayor parte de las alcaldías en la provincia de León. Hecho, que provocó que fuera la fuerza mayoritaria en la Diputación, y, por tanto, que la decisión autonómica que tomasen a nivel de partido decantaría el respaldo de la mayoría. Dado que su postura no era clara, se creó una Comisión de Autonomías que estudiase todas las opciones. Así se lanzó una encuesta en septiembre de 1979 que consultó hasta febrero de 1980 a los distintos representantes locales además de a otros organismos e instituciones, que dio como resultado un apoyo mayoritario a la opción autonómica leonesa. Si bien, en el pleno extraordinario de 16 de abril se terminaría tomando la polémica decisión de adherirse al proceso autonómico de Castilla y León, que representaba una opción con apoyo minoritario en dicha consulta (Álvarez Robles, 2017, pp. 71-79, *passim*; y Díez Llamas, 2020, pp. 40-46, *passim*).

Debemos ser conscientes, que la existencia de dos conciencias regionales contrapuestas en el mismo ámbito autonómico no era una cuestión deseable por el constituyente, ya que podría provocar la existencia de conflictos identitarios y conflictos territoriales. Precisamente, la existencia en esta Comunidad de una política cultural auspiciada por una fundación que se dedica a acrecentar -cuando no, crear artificialmente- el sentimiento de pertenencia de los "castellanoleoneses", a costa de borrar la identidad cultural leonesa; no hace más que sustentar el argumento, de que esta Autonomía, no parece gozar de elementos culturales comunes claros. Lo cual, dicho sea de paso, podría suponer la negativa a considerar cumplidos los requisitos constitucionales por CyL.

El último de los requisitos piensa en la viabilidad del propio territorio. Dado que, compartir problemáticas, o bien tener virtudes productivas comunes, al fin y al cabo, es lo que llevará a aplicar políticas autonómicas coherentes y que posibiliten el desarrollo regional. Así, este requisito venía a proscribir la existencia de proyectos regionales donde la presencia de elementos económicos dispares diera como resultado intereses y políticas contrapuestas -como si de un juego de suma cero se tratase-, apuntalando el desarrollo de una parte y sumiendo al resto del territorio en el más oscuro ostracismo.

En la actualidad, se han demostrado precisamente los rasgos comunes de las tres provincias leonesas por medio de la contraposición de las estadísticas con la parte castellana de la comunidad. Esta es precisamente, la principal tesis recogida en la obra de Salgado (2019, *passim*) tras contrastar numerosos indicadores de organismos públicos con los datos de las dos regiones de la Comunidad segregados. Así, cuestiones como la brecha salarial entre leoneses y castellanos no ha hecho más que aumentar, del mismo modo que la tasa de desempleo, o la tasa de actividad. Pero quizás el elemento más crucial es aquel del devenir demográfico al ser la Región Leonesa el territorio regional de toda España que más población ha perdido en periodo autonómico. El hecho de que hoy día las tres provincias lideren los peores indicadores socioeconómicos no solo refuerza la idea de que se encuentran en disposición de cumplir este requisito, sino que, de contrario, por las fuertes diferencias con el resto de la comunidad, se apuntale la idea de que la unión en 1983 no hizo la fuerza, y el presunto proyecto de Martín Villa de crear una Comunidad fuerte como contrapeso a la periferia fracasó (Díez Llamas, 2020, pp. 45, 49 y 50).

Ahora bien, pese a que León cuenta con los elementos necesarios para emerger como región, deben tenerse en cuenta las perspectivas de la Nueva Geografía Regional; de manera que, estos mismos elementos, deberían de reconfigurarse para que se pueda dar en la práctica una verdadera reconstrucción regional. Las reivindicaciones que piden una Autonomía propia para este espacio territorial apuntan a un momento de salida relativo a la reconfiguración que exige este enfoque científico (Otero et al. 2020, p. 187).

Parece que, teniendo en cuenta lo expuesto, la Región Leonesa no solo estaría en condiciones de optar a una Comunidad pluriprovincial por haberse demostrado que se cumplen los requisitos del art. 2 y 143.1. Sino, que la Comunidad de Castilla y León, difícilmente se podría justificar por medio de dichos requisitos. Por tanto, y dado que el cerramiento del mapa autonómico no se ha producido[92], lo que existe es un bloqueo normativo motivado por el conflicto entre normas del bloque de constitucionalidad. Sin embargo, ello llevado a la práctica, significa que la Región Leonesa tiene reconocido un derecho que no puede ejercitar al no tener a su disposición una vía de aplicación directa. Ni siquiera podría optarse por medio de la vía Estatal del art. 144 por entender que la creación de dicha autonomía viniera exigida por el interés nacional en reflotar un territorio a la deriva –precisamente por mutar el mismo interés de Estado que determinó que debía crearse dicha CCAA[93]–; puesto que el conflicto

---

92   Este es el escenario, como sabemos de la citada STC/1984, que no entró a valorar esta cuestión; de modo que no prejuzgó el futuro derecho leonés a acceder al autogobierno. Por tanto, es falso que este pronunciamiento vetase la alteración territorial como se ha llegado a sostener.

93   En El País, Martín Villa se refería en estos términos a las razones que llevaron a crear CyL: "Siempre he creído con la mayor fe que la nación española necesita el equilibrio de los mesetarios y los periféricos y que la CCAA de Castilla y León si esta última provincia estaría debilitada en su raíz y eso sería malo para la región y malo para España porque

normativo seguiría existiendo. Aunque, lo cierto es que no habría limitación *–ex* art. 148 CE- para optar al máximo competencial.

2. Las mociones locales por la Autonomía de León

Desde el pasado 27 de diciembre de 2019, estamos asistiendo a un novedoso proceso de revelación -más que rebelión- y confrontación, de las corporaciones locales leonesas –las cuales son valoradas como fundamentales por parte de la ciudadanía leonesa (Otero et al., 2020, p. 348)-, frente al actual *status* autonómico, que aún no ha concluido. Dicho debate, ha coincidido con la defensa por parte del alcalde socialista de León, José Antonio Díez -a partir de mayo de 2019-, del derecho al autogobierno leonés. Este hecho, ha propiciado la reapertura de un debate que cíclicamente se eleva a público, y que se ha concretado por medio de una campaña lanzada por UPL en el ámbito municipal donde tiene presencia local el leonesismo político -aunque, se ha extendido a otros ayuntamientos donde no tienen representación-. Todo ello dentro de un contexto político complejo, con el telón de fondo de la investidura del año 2019, el auge de los partidos regionalistas y del discurso de la España vaciada -aunque aquí este discurso aparece con el matiz diferencial del cuestionamiento al propio marco territorial autonómico (*Ibid.*, pp. 339, 346 y 351)-, y la pervivencia del conflicto territorial catalán.

De este modo, el Ayuntamiento de León fue el primero en aprobar una moción[94] solicitando tanto a las Cortes de CyL como a las Cortes Generales que impulsaran los trámites necesarios para permitir la segregación de las provincias de León, Zamora y Salamanca, y configurar así la Comunidad Autónoma de la Región Leonesa.

---

dificultaría ese equilibrio al que me he referido". EL PAÍS: *"Entrevista con Rodolfo Martín Villa"* publicado el 18/06/2002 (consultado el 13/01/2020) en el siguiente enlace: https://elpais.com/politica/2002/06/18/actualidad/1024399800_1024400293.html,

94 *Vid.* el texto íntegro en el Anexo II: Moción por la Autonomía Leonesa presentada en el Ayuntamiento de León (aprobada el 27 de diciembre de 2019).

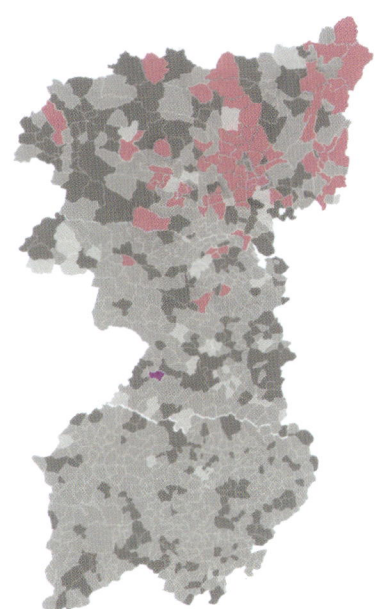

Leyenda Fig. 13.	N° Municipios	Total Concejales	
UPL	69	153	
PREPAL	1	1	

Fig. 13.- Presencia local de UPL y PREPAL en 2019.
Fuente: Elaboración Propia.

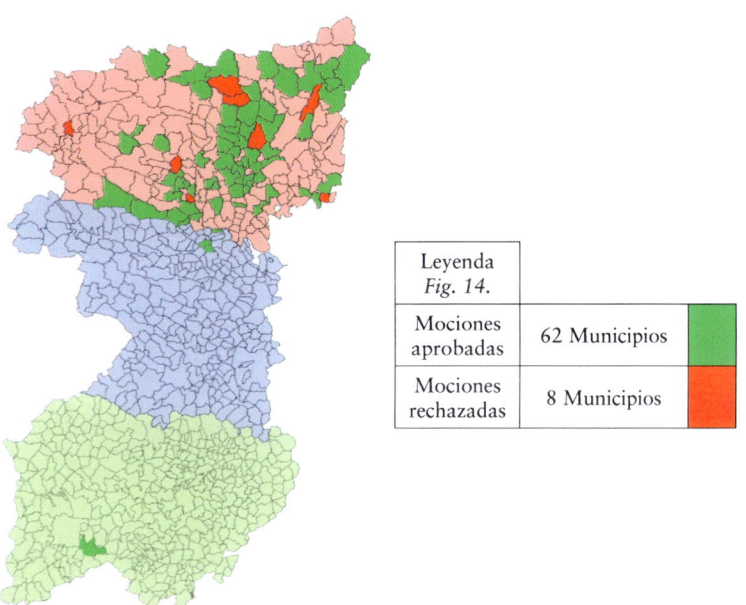

Leyenda Fig. 14.	
Mociones aprobadas	62 Municipios
Mociones rechazadas	8 Municipios

Fig. 14.- Mapa de las mociones solicitando la Autonomía de León[95].
Fuente: Elaboración Propia.

---

95 En el mapa se muestran las mociones presentadas hasta diciembre de 2023, de modo que, previsiblemente en el futuro se verá aumentado su número. Cabría añadir los municipios salmantinos de La Alameda de Gardón y Sorihuela donde se presentó la moción, pero todos los concejales se abstuvieron.

Desde el mandato municipal correspondiente al periodo 2019 a 2023, 62 ayuntamientos de León, Zamora y Salamanca -solamente se ha votado en contra en 8 municipios-, así como decenas de Juntas Vecinales han aprobado mociones similares al de la capital Legionense. Siendo así, que el porcentaje de población representada por los municipios que se han mostrado a favor de las mociones es ya superior al 50% en la provincia de León. Con apoyo político muy dispar, habiéndola apoyado no solo los concejales leonesistas, sino también los de aquellos nacionales como PSOE, PP, C's, Podemos, IU o Vox; y sumándose también agrupaciones de electores y partidos localistas.

RESULTADOS DE LA MOCIÓN

Ayuntamientos de León	UPL	PSOE	PP	Cs	Podemos	Otros	Resultado	Población en 2019	%
León	3 Sí	11 Sí	9 No	4 No	1 Sí		Aprobada	124.303	27,02
Matadeón de los Oteros	4 Sí		1 Sí				Aprobada	228	0,05
Crémenes	3 Sí	2 Abstención	1 Sí + 1 Aus.			AEI 2 Sí	Aprobada	544	0,12
Cabrillanes	4 Sí	2 No	1 Sí				Aprobada	759	0,16
San Justo de la Vega		2 Abstención	5 No	1 Abst.		A.I.C.V. 1 Sí	Rechazada		
Valderrey		1 Sí	1 No			CRA 4 Sí, No ads. + 1 No	Aprobada	446	0,1
Castrocontrigo	4 Sí	1 No	2 No				Aprobada	765	0,17
Santa María del Páramo	7 Sí	1 No	3 No				Aprobada	3.089	0,67
Cuadros			1 Sí + 1 No	1 Sí	1 Sí	AIC 7 Sí	Aprobada	2.001	0,43
Mansilla de las Mulas	2 Sí	3 Sí	4 No				Aprobada	1.733	0,38
Urdiales del Páramo		5 Sí	2 No				Aprobada	510	0,11
La Pola de Gordón	1 Sí	4 No + 1 Aus.	4 No			IU 1 Sí	Rechazada	413	0.09
Cabreros del Río	5 Sí	2 No					Aprobada	388	0,08
Cubillas de Rueda	3 Sí	1 Abstención	2 No + 1 Aus.				Aprobada	1.126	0,24
Villamañán	3 Sí	1 Sí + 1 Abst.	3 No + 1 Abst.				Aprobada	646	0,1
Boca de Huérgano	4 Sí	2 Sí		1 Abst.			Aprobada		
Villaquilambre		6 Sí	4 No	2 No	2 Sí	Leone. 2 Sí, Vive V 1 Sí	Aprobada	18.638	4,05
Boñar		2 Sí + 2 Abst.	3 Sí			IU 2 Abst	Aprobada	1.832	0,4
Villaturiel	6 Sí	1 Sí	2 No				Aprobada	1.877	
Santovenia Valdoncina	4 Sí	1 Sí 2 Abst.	3 Ausentes			IU Sí	Aprobada	2.108	
Zamora y Salamanca									
Manganeses Polvorosa (Zam.)	1 Sí	3 Sí	1 Sí + 2 No				Aprobada		
Serradilla del Arroyo (Salam.)		5 Sí	1 Sí				Aprobada		

Fig. 15.- Desglose votaciones moción por la Autonomía de León.
Fuente: Caballero e Infiesta[96].

Como se puede ver, el apoyo a los textos ha venido por parte de prácticamente todo el abanico político. Hecho, que refuerza la idea de que las pretensiones de una autonomía propia en León históricamente procedieron de todo el espectro político de manera transversal. Y todo ello, pese a las fuertes presiones tanto de las direcciones nacionales como autonómicas de PP, C's, Vox y PSOE, que pretendían tapar el conflicto consiguiendo que sus representantes locales votasen en contra de dichas mociones.

96 Caballero, Álvaro/Infiesta, Pilar: *La moción por la autonomía leonesa ya suma al 35% de la población provincial*, publicado el 8/2/2020 (consultado el 10/2/2020) en el siguiente enlace: https://www.diariodeleon.es/articulo/leon/mocion-autonomia-leonesa-suma-35-poblacion-provincial/202002080232291984575.html

Una vez renovados los consistorios tras las elecciones de mayo de 2023, y habida cuenta que el leonesismo de UPL ha mejorado considerablemente sus resultados -pasando de 153 concejales a 235, alcanzando incluso varias alcaldías en Salamanca, y cogobernando en la Diputación de León-; hace prever, que en el futuro se presenten en nuevos consistorios, así como en la propia Diputación Legionense. Si bien en el pasado ya se dieron otros ejemplos similares de reivindicaciones proautonomía en el ámbito local, este denominado "proceso autonómico leonés" por su generalización, solamente puede compararse con los acuerdos de revocación de los consistorios y de la Diputación leonesa del año 1983 que dieron lugar a la mencionada STC 89/1984.

Lo cierto es que, no se puede considerar que las mociones se traten del ejercicio directo de las vías constitucionales; y no porque no puedan ejercerse. Sino por una cuestión formal, pues, de su propio contenido se desprende que estamos en el terreno del derecho de participación o el de petición y no en el primer escenario, aunque traten de emularlo al citar dichas vías. Esto es así, dado que para considerar que se trata del ejercicio de una vía constitucional formalmente se exige que la corporación exprese con claridad el procedimiento utilizado. Y eso, aquí no ocurre. Como explica García Roca (2015, p. 474), los "acuerdos de iniciativa autonómica de municipios y Diputaciones provinciales debían manifestar claramente por cuál de las vías de iniciativa autonómica se optaba: vía rápida del artículo 151 o vía lenta del artículo 143 con un periodo transitorio de aprendizaje autonómico de cinco años (...). Una y otra vía poseen dos procedimientos distintos de elaboración estatutaria previstos en los artículos 146 y 151.2".

Si se tratase de ejercer directamente el procedimiento constitucional repitiendo una iniciativa autonómica puede preverse que tanto las Cortes Autonómicas como la presidencia de la Junta instaran un recurso de inconstitucionalidad argumentando que este ejercicio, limita su derecho al autogobierno produciendo una reforma encubierta de su Estatuto. Esto sería así, si las Cortes Generales, en virtud de su poder de control formal del procedimiento de iniciativa dieran paso a la siguiente fase del procedimiento, produciéndose un acto del Estado con fuerza de ley (tramitación de una LO), susceptible, por tanto, de recurso por parte de las citadas instituciones autonómicas. En tal escenario, la posibilidad de réplica jurídica pasaría por alegar la previa inconstitucionalidad de la Comunidad en cuestión. Como ya se explicó, la consecuencia más grave de la inconstitucionalidad de una CCAA pasaría por provocar su regresión a directamente dependiente del poder central. En tal escenario, podría reactivarse la virtualidad del principio dispositivo de las dos regiones, para que, los sujetos depositarios de la iniciativa autonómica pudieran repetir dicho procedimiento y conformar un sujeto autonómico distinto. En cualquier caso, se trata de una posibilidad remota e improbable de producirse, y más improbable aún sería que se determinase finalmente hoy día la inconstitucionalidad de una CCAA. En relación con el argumento para defender el ejercicio de una eventual iniciativa, incidir en que debería de considerar que la autonomía de Castilla y León adolece de una previa inconstitucionalidad[97] por incumplir los arts. 2, 143.1 y 145.1 de la CE. Pero, como se ha dicho, la intención parece en todo caso, alejada de dicho escenario, sino que, lo que se pretende es emular tales procedimientos ejerciendo presión política con la finalidad de conseguir implementar mecanismos que desbloqueen la situación territorial. Este fue, asimismo, el sentir mayoritario de las multitudinarias manifestaciones celebradas en León el 16F de 2020 [98]que volvieron a repetirse dentro de este contexto social proclive al leonesismo, en las manifestaciones del "Yo paro por León" de 2022.

3. EL REFERÉNDUM CONSULTIVO ESTATAL

En vista de que no existe un procedimiento disponible –en tanto que no exista un pronunciamiento del TC- para las corporaciones leonesas, el problema de encaje territorial no se solucionará. Por tanto, se debe hacer referencia al referéndum como método para recabar directamente la opinión de la ciudadanía. Puesto que, podría suponer de impulso para que tanto los poderes autonómicos, como los estatales, permitan una reforma estatutaria, para la eventual tramitación de la Comunidad de la Región Leonesa.

---

97 Resulta paradójico pensar que un precepto constitucional pueda ser inconstitucional, pero es precisamente esta, la consecuencia de incorporar el material estatutario como parte del bloque de constitucionalidad. De modo que, estas normas sirven como parámetro para interpretar todo el ordenamiento jurídico.

98 En relación con las multitudinarias manifestaciones que congregaron a más de 80.000 personas en León, Ponferrada y Villablino, se refiere Lugilde, Anxo: "León clama contra su marginación y demanda un 'Lexit' con Castilla" publicado el 17/02/2020 (consultado el 17/02/2020) en el siguiente enlace: https://www.lavanguardia.com/politica/20200217/473621753461/leon-auutonomia.html destacando que "la demanda de una autonomía propia tiñó la masiva movilización por el declive económico".

Si bien, como explica Bartolomé (2018, p. 13), a tenor de la jurisprudencia constitucional, hay que tener en cuenta que "el sistema político español es una democracia de tipo esencialmente representativo en el que la voluntad de la ciudadanía tiene su expresión natural en las elecciones, especialmente en las generales y en las autonómicas. Los mecanismos de participación directa de la población que fija nuestro ordenamiento son muy limitados y la vía del referéndum constituye un cauce extraordinario, por oposición al ordinario de la representación política".

La naturaleza jurídica de este mecanismo viene determinada en los arts. 92[99] y 149.1.32ª CE[100], de manera que, aquellas decisiones de especial trascendencia pueden ser sometidas a referéndum consultivo. Por tanto, se podría establecer en este caso concreto, con la finalidad de decidir si se impulsan las reformas necesarias.

Ahora bien -y como se verá-, que la Comunidad de CyL tenga atribuidas las competencias en materia de consultas populares sobre cuestiones relativas a su ámbito competencial, no puede invadir en ningún caso esta facultad Estatal, pues su naturaleza no es exactamente equivalente. Ni siquiera porque consideren que les fuerza indirectamente a ejercer una reforma de su Estatuto, puesto que esta figura es precisamente consultiva. Aunque, lo cierto es que, de su carácter plebiscitario, no resultaría comprensible un enrocamiento o negativa de las Instituciones Autónomicas a acometer una reforma Estatutaria tras un resultado favorable. Sobre ello, explica López Rubio, (2017, p. 12) que este mecanismo es un "referéndum meramente consultivo, según prevé el artículo que lo regula. Ahora bien, la ausencia de efectos jurídicamente vinculantes no es óbice para poder señalar, como hace Alzaga (1980: 587), que, si el pueblo se decanta claramente a favor de una determinada posición, no es probable, desde la óptica del realismo político, que los poderes públicos decidan ir en contra de la misma".

La redacción del art. 92.1 CE[101] parece dar a entender que el referéndum debe convocarse sobre todo el cuerpo electoral, pero no tiene que ser necesariamente así. Las posibilidades en torno a dicho re-

---

99 Según el art. 6 LORMR se requerirá la autorización del Congreso de los Diputados por mayoría absoluta.

100 Además de atribuir al Estado la competencia exclusiva, le faculta a dar autorización a las CCAA.

101 En tal sentido, se regulan distintas modalidades para cuerpos electorales inferiores al nacional en la LORMR, como son el referéndum del art. 151 CE, o el propio de reforma del art. 152 CE.

feréndum son, por tanto, diversas. Podría establecerse no solo una consulta para un territorio inferior del total Estatal, sino que, podría válidamente realizarse sobre un territorio inferior a una CCAA, es decir, aquí, en las tres provincias afectadas -Salamanca, Zamora y León-. De contrario, una convocatoria sobre el total de la CCAA[102], podría provocar un conflicto mucho mayor, puesto que, podría ocurrir que se obtuviera un resultado favorable en las provincias a segregar[103], y una oposición en las provincias castellanas que agravase la situación política. Del mismo modo tampoco podría considerarse que este plebiscito activase un mecanismo de reforma encubierta del EACyL[104], ya que, lo cierto es que por medio de una reforma constitucional también podría canalizarse un procedimiento para configurar la CCAA leonesa.

Por tanto, cabe destacar, que un resultado favorable, podría forzar la doble aquiescencia ahora requerida, y permitir el impulso tanto de una reforma estatutaria, como incluso un escenario alternativo -que se verá después-, la reforma singular de la CE para establecer una

---

102 Aunque, Bartolomé (2018, p. 15), entiende que "los votantes deberían de ser el total del cuerpo electoral de las nueve provincias de la Comunidad al concernir su resultado al conjunto de la población bajo el axioma democrático de que lo que afecta a todos se decide entre todos", lo cierto es que este procedimiento guarda similitud con las vías de iniciativa, en los que la voluntad de cada región por medio del principio dispositivo, no encontraba limitación por parte de otros territorios. En este caso el leonés respecto al castellano.

103 Hace un tiempo, han salido dos encuestas que tratan la problemática actual. De este modo, la encuesta realizada para Ileon, arroja no solo una mayoría en la provincia de León superior al 50% favorable a la creación de la autonomía leonesa, sino el apoyo transversal de los votantes de PSOE, UPL, Unidas Podemos y C's, como se desprende de esta noticia: Vega, Antonio/López de Uribe, Jesús María: Una gran mayoría de votantes de PSOE, UPL, Unidas Podemos y Ciudadanos apoyan la autonomía para León, publicado el 9/01/2020 (consultado el 10/01/2020) en el siguiente enlace: https://www.ileon.com/actualidad/104335/una-gran-mayoria-de-votantes-de-psoe-upl-unidas-podemos-y-ciudadanos-apoyan-la-autonomia-para-leon. Por otro lado, la encuesta de Electomania expone no solo un resultado muy favorable en una hipotética consulta en la Región Leonesa, sino un apoyo similar en el conjunto de España. Si bien en el resto de las provincias castellanas de la CCAA el rechazo es frontal, evidenciando el problema: ELECTOMANÍA: [ELECTOPANEL ESPECIAL] Los ciudadanos ven bien discutir la moción de UPL para la creación de la 'Región Leonesa'. División en Castilla y León publicado el 5/01/2020 (consultado el 6/01/2020) en el siguiente enlace: https://electomania.es/epregionleonesa/, expone no solo un resultado muy favorable en una hipotética consulta en la Región Leonesa, sino un apoyo similar en el conjunto de España. Si bien en el resto de las provincias castellanas de la CCAA el rechazo es frontal, evidenciando el problema.

104 Esta es la opinión de Bartolomé (2018, p. 14), considerando que el Estado carecería de competencia material para realizarlo, pues iniciaría una reforma Estatutaria de facto, pero, lo cierto es que debido a que el Estado puede realizar una reforma constitucional, no invadiría per se el ámbito de su autogobierno la mera convocatoria de referéndum.

DA específica para León. Aunque, como explica Díez Llamas (1982, p. 10) resulta cuanto menos paradójico, que León, requiera ahora de este doble permiso, cuando en los albores del proceso autonómico, se prescindió de la aquiescencia más importante, la popular, al haber sido dirigido el proceso autonómico por la élite del poder.

II. LA REFORMA DEL ESTATUTO DE AUTONOMÍA DE CASTILLA Y LEÓN

La vía más directa por la que podrían canalizarse las pretensiones leonesas en la actualidad es por medio de la reforma del mismo Estatuto de la Comunidad de la que pretenden segregarse. Es importante destacar que no es lo mismo establecer un mecanismo que regule tal posibilidad, que llevarlo efectivamente a cabo. Precisamente este Estatuto reguló la posibilidad de incorporar Cantabria y La Rioja por indicación de los Acuerdos autonómicos -mientras se dejaba fuera de ellos la posibilidad de segregación de León (Prieto Arroyo, 2020, p. 176)-, y ello nunca se produjo. Pero, realmente, resulta complicado afirmar que hoy en día la vía estatutaria respete el principio dispositivo originario de dicha región a escindir. Esto es así, porque irrumpe un problema aritmético y de peso político. Pues los 30 actuales procuradores autonómicos de León, Zamora y Salamanca representan una minoría frente a los 51 del resto de la Comunidad, produciéndose una situación de evidente bloqueo político de índole territorial. Es más, en esta misma línea, pero desde un punto de vista exclusivamente partidista, decir que, con que solamente el PP[105] o el PSOE a título individual se opusieran a tramitar una reforma, tendrían procuradores suficientes –más de un tercio- para bloquearla.

Lo cierto es que, durante el proceso de reforma del Estatuto en 2007, la existencia del mismo debate al que ahora se asiste -aunque quizá con menor fuerza-, terminaría provocando que se hablase abiertamente de la birregionalidad y se terminase por incluir implícitamente en el preámbulo. Si bien, como explica González-Trevijano, (2013,

---

105 En esta noticia de EUROPA PRESS: Mañueco dice que a quien quiera separar León que «ya sabe qué hacer»: convencer a dos tercios de las Cortes, publicado el 12/02/2020 (consultado el 13/02/2020) en el siguiente enlace: https://www.leonoticias.com/leon/manueco-quiera-modificar-20200212143751-nt.html, se ve como, el presidente del PP de la Comunidad, se remite a la reforma Estatutaria para impedir tal alteración. Pues, su partido, puede impedir la aprobación de la reforma, al contar con más de 27 procuradores autonómicos, superando el tercio de la cámara, que supone tener una minoría de bloqueo.

pp. 1234 y 1235), el contenido de los preámbulos no tiene naturaleza jurídica invocable, directa o inmediata, tampoco es cierto que no tenga valor normativo. De hecho, el criterio mayoritario, es el de dotar a los preámbulos de un valor hermenéutico o interpretativo. Ahora bien, incluso la propia denominación de la Comunidad cambió desde el Castilla-León del Estatuto de 1983 al actual Castilla y León. Aunque como indica Prieto Arroyo (2020, p. 183,), ello no implicó una segregación de tratamiento a los pueblos leonés y castellano, ya que en el texto estatutario sigue habiendo referencias conjuntas al pueblo castellano y leonés. Anteriormente, eso sí, se le denominaba castellano-leonés, por lo que cabría discutir si jurídicamente en fase de reforma se puede mutar este sujeto jurídico, también como consecuencia de dicho cambio de denominación (*Ibid.*, pp. 186-189).

Quien sabe, si en esta ocasión, ante la creciente presión política y social, la próxima reforma, termine por afrontar este reto, bien por incluir referencias explícitas a la birregionalidad que contengan consecuencias jurídicas, o bien, incluso por situar vías específicas para producir la segregación. Lo cual sería la consecuencia lógica a la birregionalidad. Pues, habida cuenta que para el País Vasco y Navarra existen disposiciones expresas que regulan sus alteraciones territoriales -e incluso valorando que existieron en este mismo ámbito territorial para producir la fusión de varias CCAA-, parece justo que a León se le pudiera abrir en el futuro una opción jurídica similar.

1. Inclusión de una vía específica para la segregación

Tomando como referencia lo ya expuesto al hilo del contenido mínimo estatutario, y asumiendo todas las consecuencias de la tesis del TC en la Sentencia de Treviño, cabría pensar, que se produjo una irregularidad al no recoger desde el primer momento un precepto específico para León. Pues, si se tiene en cuenta que el Estatuto sí optó por regular disposiciones territoriales *ad futurum* como la mencionada de Treviño, o la tendente a permitir la reunificación de Castilla la Vieja, lo cierto es que, el veto al caso leonés puede interpretarse como un quebrantamiento al espíritu de la norma. Asimismo, esta baja calidad democrática produce una grave discriminación al encontrarse reconocida la coexistencia de dos pueblos distintos –el cambio en la denominación inicial de Castilla-León por Castilla y León, es buena prueba de ello- (Bartolomé, 2020, pp. 213 y 214).

Situándonos ante el escenario de la reforma del EACyL de 2007, cabe mencionar la labor realizada por UPL en fase de enmiendas. En este sentido, trató, sin éxito, de incorporar menciones explícitas en el articulado a la birregionalidad, al tiempo que, solicitó la inclusión de un precepto que facultase dicha segregación eventual[106]. Ya en fase de aprobación por parte de las Cortes Generales, fueron otros grupos los que llevaron las demandas leonesistas a las enmiendas. Como explica Salgado (2016, p. 551), en el Senado, Alfredo Belda Quintana, portavoz de CC, trasladó las reivindicaciones de UPL a la cámara, centrando su intervención del 19 de noviembre de 2007, en posibilitar que el pueblo leonés pueda autoorganizarse política y administrativamente. Este posicionamiento llevó a otros partidos como el BNG[107], PNV[108] o ERC[109], a pronunciarse a favor de incluir dicha posibilidad. Así las cosas, la oposición férrea tanto del PP como del PSOE impidieron cualquier mención a introducir un procedimiento de segregación[110].

Ante el escenario de incluir una vía en tal sentido, cabe especular sobre lo que podría establecer el estatuyente[111]. Aunque, como se ha dicho,

---

106 De hecho, registraron un proyecto de reforma Estatutaria completamente alternativo por medio de una enmienda a la totalidad, como se aprecia en esta noticia, ABC: UPL registra su enmienda a la totalidad a la reforma del Estatuto para que se reconozca la «birregionalidad», publicado el 12/06/2006 (consultado el 18/11/2019) en el siguiente enlace: https://www.abc.es/espana/castilla-leon/abci-registra-enmienda-totalidad-reforma-estatuto-para-reconozca-birregionalidad-200610120300-1423727046377_noticia.html

107 En esa misma línea Francisco Xesús Jorquera Caselas, del BNG, pidió tanto mayor reconocimiento como una mayor institucionalización para León, llegando a pedir que se contemple la posibilidad de crear una autonomía leonesa, Ibid., p. 552.

108 De una forma similar se posicionó Aitor Esteban del PNV, solicitando que se insertara un mecanismo para permitir la posibilidad de segregación. Pues, no se pedía ni siquiera alcanzar la autonomía, sino solamente que se habilitase tal posibilidad en el Estatuto. Equivalente a la eventual la DT 7ª EACyL, Ibid.

109 En el Congreso, Joan Tardà, de ERC, en sesión de 17 de abril de 2007, también se hizo eco de las demandas leonesas, al denunciar la falta de diferenciación en el EACyL entre ambas regiones Ibid., p. 550.

110 La enmienda fue rechazada por 240 votos en contra, 13 a favor, y 2 abstenciones, Ibid., p. 553.

111 Precisamente, Salgado, Ibid., p. 546, se muestra favorable a alterar desde la reforma Estatutaria las disposiciones procedimentales, adaptándolas a las necesidades actuales, pero sin concretar de qué manera. Así, podríamos considerar que, respecto al procedimiento de iniciativa, se podía tomar el marco constitucional, pero alterando los requisitos de iniciativa de las entidades locales, reduciendo o aumentando el número de ayuntamientos para alcanzar el quórum, o el porcentaje de población necesario. O prescindir de las corporaciones y remitirse a la celebración de un referéndum que las sustituya. Para el procedimiento de elaboración del estatuto, podría determinarse que, en vez de convocar a los diputados y senadores, pudieran ser llamados los procuradores autonómicos, con la finalidad seguir con ellos el procedimiento.

lo más riguroso sería remitirse a los procedimientos constitucionales. Así, al producirse el desbloqueo de la situación, ya podrían ejercerse dichas vías constitucionales –*ex* art. 143 y 151 CE- aunque como explica Bartolomé (2018, p. 17; y 2020, pp. 220 y 221), llegados a tal punto donde la voluntad autonomista sería explícita, la vía para acceder a la autonomía podría ser directamente la vía imperativa o excepcional del art. 144.c) CE, pudiéndose producir la sustitución estatal de la iniciativa de las corporaciones locales.

Realizando una propuesta *de lege ferenda,* sobre la fórmula que podría ser más adecuada; desde aquí, se entiende que debería introducirse una fórmula dilatoria en una DT del Estatuto. Este nuevo precepto, debería concretar el sujeto de la iniciativa, y lo autorizaría desde dicho momento a ejercer cualquier vía constitucional. De manera, que el propio precepto, recogería además que, en el caso de producirse efectivamente la iniciativa autonómica, el Estatuto se reformase de nuevo alcanzando solamente la exclusión a las referencias de las tres provincias leonesas, la denominación de la CCAA y el preámbulo. Es decir, aquí se opta por considerar que el sujeto autonómico actual se mantiene, simplemente adecuando su marco estatutario a la nueva situación -y no prejuzgando, en todo caso al otro Estatuto resultante de la iniciativa autonómica- dando respuesta así a la reflexión de Bartolomé (2018, p.15), por la cual esta iniciativa "no solo podría tener como resultado final la creación de una Comunidad Autónoma Leonesa, sino que en la práctica podría llevar a la desaparición de la Comunidad Autónoma de Castilla y León pues su razón de ser histórico-política, su denominación o su ámbito territorial dejarían de tener sentido o quedarían notablemente alterados". Lo cierto, es que este tipo de cláusulas ya existen en nuestro ordenamiento. Tal es el caso del EAPV que, en el caso de producirse la incorporación de Navarra al País Vasco, según su art. 47.2 se debe seguir un procedimiento específico de reforma, que debe alcanzar únicamente este extremo.

Cuestión distinta, sería ya en la práctica, aquella del traspaso efectivo de la administración y competencias entre las dos Comunidades resultantes. En este sentido, Bartolomé (2020, pp. 220 y 221) valora la posibilidad de establecer mediante LO el cauce transitorio mediante la creación de una preautonomía de León que asumiera ya ciertas competencias y evitase una situación de inseguridad jurídica, hasta el momento de promulgación del nuevo estatuto, que debería seguir en todo caso la vía del art. 146 CE.

2. Las consultas populares autonómicas

Al igual que en el anterior escenario refrendario, se puede pensar que este conflicto, podría canalizarse por medio de una consulta autonómica que encauzase el procedimiento posterior a la reforma, leyes de transitoriedad o la propia concreción de la vía de acceso a la autonomía. Pero, sobre todo, desbloqueando el requisito de la propia reforma Estatutaria. Ahora bien, la naturaleza de las consultas autonómicas no es similar a la del referéndum. Como explica Seijas Villadangos (2013, p. 146), "la regulación estatutaria de las consultas populares se enmarca en la promoción del derecho estatutario de participación (art. 15 EIB, art. 29 EC, art. 30 EA, art. 11 EACyL), referenciando expresamente tal participación a través de consultas populares". Así, la STC 103/2008[112] se refirió a esta cuestión, diferenciando la consulta del referéndum, en que todo referéndum es consulta, pero no toda consulta popular es referéndum. Puesto que, como entiende López Rubio, (2017, p. 117), "en ella el Alto Tribunal subrayó que el referéndum es un tipo de consulta popular, siendo la relación entre ellos del tipo especie-género". De modo que, si la consulta coincide con el cuerpo electoral, y pasa por un procedimiento electoral, esta sería una consulta refrendaria. Escenario en el que se requeriría de la autorización Estatal del art. 149.1. 32ª CE, que conectaría con el referéndum estatal.

Otra posibilidad es la de establecer el requisito del referéndum para aprobar las reformas estatutarias, como fórmula que recabe la opinión de la ciudadanía respecto a las modificaciones. Así, lo han incluido como requisito de ratificación en los procedimientos de reforma los Estatutos de Aragón, Valencia y Extremadura, pero no así el EACyL. En vista de que no existe mecanismo ratificatorio, y la competencia de las consultas populares no alcanza el carácter refrendario, la única posibilidad existente para que dicha consulta lo adquiriera, sería tras solicitar la citada autorización Estatal para celebrar un referéndum sobre el cuerpo electoral en los términos que ya se vieron anteriormente.

---

112 "Para el Tribunal Constitucional es determinante para definir una consulta como referéndum que su convocatoria requiere entonces de una autorización reservada al Estado, y ha de atenderse a la identidad del sujeto consultado, de manera que siempre que éste sea el cuerpo electoral, cuya vía de manifestación propia es la de los distintos procedimientos electorales con sus correspondientes garantías, sólo entonces estaríamos ante una consulta refrendaria" (Pérez Sola, 2009, p. 438).

III. LA REFORMA DE LA CONSTITUCIÓN ESPAÑOLA

A la propuesta de reforma constitucional en 2004 informada por el Consejo de Estado, se contrapone la realizar una reforma territorial ambiciosa[113], que regule la posibilidad de realizar alteraciones territoriales. En este sentido, cabrían dos posibilidades, para facultar la creación de una autonomía leonesa. Una sería incluir un precepto similar al del referido art. 132 de la Constitución Italiana. El otro, sería optar por una solución equivalente a la Navarra, incluyendo una Disposición concreta para León. Como ya se expusiera, cabría debatir el procedimiento por el que llevarla a cabo, pues, de considerar que limita el derecho de autogobierno por disponer el propio Estado unilateralmente de parte del contenido mínimo estatutario –ex art. 147.2b- debería realizarse por la vía agravada de reforma del art. 168 CE.

1. Inclusión de una Disposición concreta para León

Podría considerarse esta posibilidad como un mero parche, o una solución temporal de la cuestión de fondo –la democratización del mapa territorial intermedio del Estado español-. Pues se trataría de otro ejemplo de quebrantamiento constitucional permitido –en este caso contraviniendo al art. 147.2b y 147.3-, como el Navarro. Pero en este caso no sería para solventar un conflicto normativo respecto del art. 145.1, sino para establecer una prelación respecto del EACyL. Sin embargo, como explica Bartolomé (2018, p. 11), esta fórmula causaría una reforma encubierta del Estatuto, vulnerando el propio art. 147.3 CE sobre reserva de reforma. Significando que dicha solución, aparentemente inocente, resulte más complicada de implementar en la práctica. Motivo por el cual, en su opinión, tal reforma es innecesaria por existir una vía mucho más simple, y a la que ya se ha hecho referencia, la reforma del Estatuto de Autonomía.

Existe un precedente en la propuesta[114] del partido Podemos de incluir en una DA de la Constitución, un precepto tendente a establecer la

---

113 Es favorable Oliver (2017, p. 275), a avanzar en la descentralización implementando un sistema federal. Aunque recomienda Ruíz-Rico (2017, p. 264), que se conciencie sobre la excesiva utilización del federalismo como "concepto taumatúrgico" solucionador de los problemas.

114 Proposición no de Ley nº161/004320 presentada por el Grupo Parlamentario Confederal de Unidos Podemos-En Comú Podem-En Marea, en la Comisión Constitucional, relativa al reconocimiento del Pueblo Leonés como entidad colectiva individualizada en la Constitución española, publicada en el BOCG. Congreso de los Diputados, serie D, núm. 509, de 05/03/2019. Caducada, por la disolución de la legislatura.

protección de la identidad leonesa y el reconocimiento de León como entidad colectiva diferenciada. Pero, dicha propuesta, aunque trata parte de la problemática leonesa, no mencionó la posibilidad de establecer un procedimiento de segregación, ni tan siquiera la remisión indirecta al Título VIII. Lo lógico, si se pretende verdaderamente proteger la identidad leonesa, es permitir que esta región acceda al autogobierno con igualdad al resto de territorios de este Estado.

De este modo, la inclusión de un precepto que permita la alteración del mapa territorial posibilitando la CCAA de León, debería contener un procedimiento específico, que altere las vías constitucionales –como el caso Navarro- para perfeccionarlo, y suponer, por tanto, otro "quebrantamiento", también respecto al Título VIII. Así, debería contener un referéndum para solventar el problema político, alejando del control de los partidos la facultad de disponer de la iniciativa. Porque, una simple remisión constitucional a las vías del Título VIII, podría provocar de nuevo la negativa de los grandes partidos a que sus representantes locales la ejecutaran -aunque ello podría ocurrir si el EEAA permitiera la segregación con una remisión similar-. En definitiva, ante un escenario de reforma constitucional, lo más pragmático sería crear una vía excepcional.

2. Incorporación de la posibilidad de variar las unidades territoriales intermedias en el Título VIII

Sin embargo, acudir a la incorporación de un procedimiento general de modificaciones territoriales autonómicas, podría ser, la mejor respuesta que cabe ofrecer en materia territorial. Una revisión del modelo territorial para cerrarlo, incluso consolidando el modelo mediante la constitucionalización de los nombres de las CCAA como plantea -tomando como referencia el Informe del Consejo de Estado- Seijas Villadangos, (2017, pp. 305-345), permite dar un paso más allá y afianzar el sistema incluyendo fórmulas de mutabilidad territorial como las que aquí se plantean.

Todo ello, ya que el pretendido cierre, debería contener fórmulas que democraticen tal decisión –aparte de que la propia reforma constitucional debería conllevar referéndum si se realizase por la vía agravada[115]-, de modo que, estos preceptos de corrección en materia territorial, de *lege ferenda*, serían la mejor solución posible.

---

115 Fossas (2008, 169), incide de nuevo, en que este procedimiento debería ser el que se utilizara en una reforma constitucional de estas características. De igual modo se posiciona Álvarez Robles (2017, p. 93).

Insiste García Roca (2015, p. 480), en la ausencia constitucional de una disposición similar al citado art. 132 de la Constitución Italiana, que recoja todas las posibilidades de alteración territorial –es más, el art. 145.1 opera de contrario como límite para algunas de ellas-. Esto es, tanto la agregación y segregación de provincias, como la fusión de CCAA, e incluso el escenario actual sobre la creación de Comunidades nuevas. De este modo, a su juicio, esta carencia representa "no solo un grave defecto técnico, sino también una clara contradicción con el propio principio de voluntariedad, pues no parece tener mucho sentido dejar la elaboración del mapa regional a la voluntad de las propias Comunidades, (lo que tácitamente parece admitir la dificultad de esa elaboración)".

Incluir un precepto similar, conllevaría proscribir la mutación constitucional por medio de las reformas estatutarias. Y ello, pese a que parezca paradójico, determinaría, además, la conclusión del modelo territorial. Dado que, toda alteración territorial desde ese momento vendría marcada con idénticos requisitos para todos los territorios, sin que cupiera cualquier atisbo de inseguridad jurídica como en la actualidad. En tal escenario, una iniciativa autonómica leonesa dependería verdaderamente de la voluntad de aquel territorio, produciéndose de nuevo, la operatividad de su principio dispositivo. Así, los leoneses ya no tendrían más limitación que aquella que quisieran ponerse a sí mismos.

EPÍLOGO

EPÍLOGO

A través de las anteriores páginas se ha situado una verdadera *cuestión compleja* desde un punto de vista jurídico y *conflictiva* desde un punto de vista político. De este modo, se ha podido constatar que ambas circunstancias no son nuevas y ya se pusieron de manifiesto durante el proceso autonómico, desde la generalización del proceso preautonómico por la máxima del "café para todos" a la aplicación de numerosas limitaciones normativas y "paraconstitucionales" al principio dispositivo. Así, las conclusiones que pueden extraerse de esta monografía son las siguientes:

Primera. *La configuración constitucional del derecho a la autonomía como un derecho público subjetivo*. En primer lugar, pudo observarse como de esta complejidad, se derivó con pactismo, *el derecho al autogobierno regional como paradigma de la descentralización,* reconociendo a los territorios como regiones y nacionalidades el derecho a acceder a ello. Ahora bien, entre la disyuntiva sobre si se trata de una garantía institucional o un *derecho público subjetivo*, aquí se ha defendido la última. Ya que existen indicios de *reconocimiento a territorios anteriores a la Constitución*, que llevan a plantear que se trate de un derecho peculiar, con raíces en el Derecho Internacional, con un contenido determinado en la salvaguarda del acceso al autogobierno, y unas garantías específicas y singulares distintas a las de las corporaciones locales, como son la legitimación para acudir al TC, o que su propia normativa de cabecera no pueda disponerse unilateralmente por parte del Estado.

Segunda. *La importancia del principio dispositivo en el diseño final del mapa territorial*. Sin embargo, debido a que por medio de la desconstitucionalización no se determinó el mapa territorial, *el principio de voluntariedad sería un precepto novedoso,* que tenía encomendada la labor de fijar los territorios que accederían a la autonomía, y el marco competencial al que finalmente optaría cada una de las Comunidades.

Tercera. *La apertura del modelo territorial de Estado y sus consecuencias actuales*. Ahora bien, una vez determinado el mapa, puede aseverarse que *su virtualidad sigue intacta*, debido a que el modelo territorial no está cerrado. Esta apertura ha llevado a valorar que *no exista desuetudo ni agotamiento normativo*, respecto de aquellos preceptos del Título VIII CE encaminados a configurar las CCAA. Puesto que, ni se incluyeron en una DT, ni se puede interpretar restrictivamente un Derecho constitucional.

Cuarta. *El conflicto entre el impulso de las vías autonómicas y la vigencia de los Estatutos de Autonomía.* Lo cierto es que en la actualidad *no puede volver a ejercerse una iniciativa autonómica*, pero no porque exista agotamiento -como se ha explicado-, sino porque existe un complejo conflicto normativo entre el Capítulo III del Título VIII y los EEAA. Ello se debe a la propia naturaleza mixta de los *Estatutos como parte del bloque de constitucionalidad*, al haber pasado a informar como un parámetro más al propio ordenamiento constitucional. Asimismo, queda constatado que los propios Estatutos otorgan a sus respectivos órganos legislativos el monopolio de la iniciativa de reforma, lo que en la práctica supone que, en virtud del art. 147.3 CE sean *indisponibles por parte del Estado*.

Quinta. *La doctrina constitucional respecto a las modificaciones territoriales en las Comunidades Autónomas.* Sin embargo, pese a que *sí se pueden realizar alteraciones territoriales*, no se encuentra una regulación clara, ni la Jurisprudencia Constitucional se ha pronunciado expresamente sobre este extremo (STC 89/1984, Fj. 1°). Respecto a la segunda, encontramos tres Sentencias que acotan diferentes cuestiones, como los límites temporales a la revocabilidad de los acuerdos de iniciativa local, el alcance de la sustitución Estatal de la iniciativa, o la posibilidad de regular disposiciones territoriales *ad futurum* en virtud del art. 147.2.b).

Sexta. *La previsión estatutaria de reforma territorial.* Precisamente de esta interpretación se conecta *la existencia de una competencia territorial de las CCAA en materia de alteración de sus límites*, de modo que, en fase de reforma pueden realizarse modificaciones territoriales por medio de disposiciones estatutarias. Siempre y cuando, se respeten los límites constitucionales, pues no se puede conseguir más en fase de reforma que en fase originaria. Ello *ocurre en el escenario de crear una nueva CCAA*, no pudiendo sustituir los sujetos titulares del derecho al autogobierno, ni alterando las distintas vías de acceso, ni el propio procedimiento de elaboración del nuevo Estatuto. En este sentido, han existido varios ejemplos de alteraciones como el de la DT 4ª CE, o aquel de la "reunificación de Castilla la Vieja" hasta 2007 en el Estatuto de Castilla y León. Mientras que baja su calidad democrática este último Estatuto, al vetarse la incorporación de una vía leonesa, al tiempo que regularon tales procedimientos de modificación.

Séptima. *El espacio jurídico de la Región Leonesa.* Llegados al caso de valorar en concreto la situación de *la Región Leonesa*, puede considerarse que *tiene un claro sustrato regional en la actualidad,* debido a su existencia como territorio independiente durante siglos, así como por el reconocimiento explícito por parte de la legislación desde 1833, perviviendo durante la I y II Repúblicas, e incluso durante el Franquismo. Llegando a la transición como una región de pleno derecho a ejercer el art. 2 CE. Igualmente, a la hora de valorar *si cumple con los requisitos del art. 143,* se observa cómo ha quedado patente no solo una clara identidad territorial regional por medio de los criterios históricos y culturales. Sino, que dada su dramática situación socioeconómica, es evidente que precisan de una solución urgente igualmente común.

Octava. *El status jurídico de Castilla y León.* De contrario, la comunidad de *Castilla y León, difícilmente encontraría justificación hoy día por medio de criterios históricos o culturales comunes* sin realizar una interpretación interesada de los datos. Cuestión a parte sería la del devenir socioeconómico, habiéndose demostrado el fracaso desde el punto de vista de la gestión en los últimos 40 años, y no quedando claro que el porvenir vaya a variar. Al mismo tiempo, se ha visto como *en sus inicios esta Comunidad obtuvo una difícil construcción.* Siendo patentes las polémicas, las presiones políticas, la ausencia de legitimación social y los intentos de los diferentes territorios que la componían, de configurar sus propias CCAA por separado. De tal modo, *se podría considerar a Castilla y León como una no región,* similar a Madrid, por haberse justificado en torno a supuestos motivos de Estado, y habiéndose incluso hecho uso de la facultad del art. 144.c) CE.

Novena. *El impulso de las reformas necesarias.* Sin embargo, *pese a que León* cumple los requisitos y *podría ser una CCAA, no tiene a su disposición un procedimiento de acceso a la autonomía,* lo cual lleva a considerar que no se trata de un mero problema de voluntad política, sino una cuestión jurídica compleja en torno a un conflicto político que trasciende sus fronteras. Para que León pudiera ser una CCAA, *se deberían activar mecanismos de reforma.* O bien una reforma estatutaria, o bien una reforma constitucional. Si bien, para desbloquear ambas situaciones, se podría optar por convocar un referéndum consultivo, –distinto de las consultas populares- con carácter plebiscitario en territorio leones.

REFLEXIÓN FINAL

En definitiva, y como se ha tratado de demostrar, León es una región dentro de una Comunidad esencialmente birregional. Aunque el constituyente trató de proscribir situaciones así para evitar conflictos identitarios. Pero no solo, ya que también pensó en clave económica y de desarrollo, prohibiendo que un territorio subyugase a otro por su mayor peso demográfico, político, o por tener simplemente intereses contrapuestos irreconciliables.

Lo cierto es que lo que se ha tratado desde este libro es aportar luz a una cuestión jurídica olvidada, en mitad de un debate político y social enconado. Precisamente por ello, resulta tan difícil argumentar y reflexionar cuando la crispación empaña un debate que debería haberse resuelto con una respuesta firme, y no por medio del silencio. También es cierto que existe una profunda brecha entre lo deseable políticamente y el ideal jurídico. Pero, en la medida de lo posible, se debe exponer y señalar cuando desde un prisma político se han llegado a retorcer y pervertir preceptos constitucionales hasta el límite de su propia constitucionalidad.

En este momento las posibilidades son múltiples, desde seguir manteniendo el *statu quo* actual, a realizar un debate verdaderamente de Estado, donde se puedan poner opciones legítimas encima de la mesa. Y, en ese sentido, lo que aquí se ha pretendido es romper una lanza por intentar canalizar por medio de los procedimientos legales a los que se han hecho referencia, una Comunidad de la Región Leonesa. Pues, si comunes a las tres provincias están siendo sus infortunios, comunes han de ser también sus soluciones.

"¿Queremos los leoneses, y el resto de los españoles de buena fe, que se convierta en ceniza el espacio humano e histórico que fue uno de nuestros inexcusables pilares, pese a todas las manipulaciones de la memoria? (…)

León tiene que evitar la muerte, y está todavía en condiciones de hacerlo."

Sabino Ordás (2020, p. 17).

BIBLIOGRAFÍA

BIBLIOGRAFÍA

Aguado Renedo, César: "El principio dispositivo y su virtualidad actual en relación con la estructura territorial del estado", en *REP*, núm. 98. Octubre-Diciembre 1997, pp. 137-158.

_____: "La jurisprudencia constitucional sobre la delimitación del ámbito territorial de la Comunidad Autónoma de Castilla y León" en *Autonomies. Revista catalana de dret públic,* núm. 11, 1989, pp. 109-120.

_____: "La jurisprudencia constitucional sobre la delimitación del ámbito territorial de la Comunidad Autónoma de Castilla y León (y II)" en *Autonomies. Revista catalana de dret públic,* núm. 14, 1992, pp. 99-118.

Aja, Eliseo: "Artículo 2", en Saiz Arnáiz, Alejandro/Pérez Tremps, Pablo (dirs.)/Montesinos Padilla, Carmen (coord.): *Comentario a la Constitución Española. Libro-Homenaje a Luis López Guerra. 2 Tomos 40 Aniversario 1978-2018,* Tirant lo Blanch, Valencia, 2018, pp. 121-130.

Álvarez Robles, Tamara: *Desde la iniciativa autonómica a los Estatutos de Autonomía: León en el diseño de la organización territorial del Estado español y en su evolución,* Editorial Académica Española, s. l., 2017.

Bartolomé Pérez, Nicolás: "Notas sobre el cauce legal para la constitución de una Comunidad Autónoma Leonesa" en *ENP,* núm. 30-primavera 2018, pp. 4-20.

_____: "Constitución Española y Autonomía Leonesa" en Bartolomé Pérez, Nicolás (coord.): Región Leonesa: *La 18ª Comunidad Autónoma Española*, Lobo Sapiens, León, 2020, pp. 203-235.

Belda Pérez-Pedrero, Enrique: *La fallida reforma de la Constitución Española durante la VIII Legislatura (2004-2008),* Thomson Civitas, Cizur Menor, 2008.

Calafell Ferrá, Vicente Juan: "El principio dispositivo negativo: el derecho a no acceder a la autonomía política" en Oliver Araujo, Joan (dir.)/Ballester Cardell, María/Calafell Ferrá, Vicente J./Oehling de los Reyes, Alberto (coords.): *El futuro territorial del Estado español. ¿Centralización, autonomía, federalismo, confederación o secesión?,* Tirant lo Blanch, Valencia, 2014, pp. 221-232.

Chao Prieto, Ricardo: *Historia de los Reyes de León*, Rimpego, León, 2017.

_____: "La entidad regional histórica de León", en Bartolomé Pérez, Nicolás (coord.): *Región Leonesa: La 18ª Comunidad Autónoma Española,* Lobo Sapiens, León, 2020, pp. 127-149.

Cruz Artacho, Salvador: *Historia del proceso autonómico andaluz. Andalucía en la utopía federal de España,* Fundación Pública Andaluza Centro de Estudios Andaluces, Consejería de la Presidencia y Administración Local, Junta de Andalucía, Sevilla, 2016.

Díaz Revorio, Francisco Javier: "Proceso constituyente y proceso descentralizador: ¿de dónde venimos y adónde vamos?" en Oliver Araujo, Joan (dir.)/Ballester Cardell, María/Calafell Ferrá, Vicente J./Oehling de los Reyes, Alberto (coords.): *El futuro territorial del Estado español. ¿Centralización, autonomía, federalismo, confederación o secesión?,* Tirant lo Blanch, Valencia, 2014, pp. 99-140.

Diego Núñez, Miguel Ángel: *Regionalismo y Regionalistas Leoneses del siglo XX (una antología),* Kadmos, Salamanca, 2017.

Díez Llamas, David: *Concilios, Fueros y Leyes. El espíritu Leonés,* Lobo Sapiens, León, 2019.

_____: *Proceso Autonómico Leonés*, Grupo Autonómico Leonés, León, 1982.

_____: "Una autonomía impuesta a los leoneses" en Bartolomé Pérez, Nicolás (coord.): *Región Leonesa: La 18ª Comunidad Autónoma Española*, Lobo Sapiens, León, 2020, pp. 39-59.

Ferrer Díez, Rodrigo: *La construcción de un pueblo. El Regionalismo Leonés,* Editorial Cultural Norte, San Andrés del Rabanedo, 2018.

Ferri Durá, Jaime: "La construcción del sistema autonómico", en Ferri Durá, Jaime (dir.): *Política y Gobierno en el Estado Autonómico,* Tirant lo Blanch, Valencia, 2013, pp. 21-61.

Fondevila Marón, Manuel: *La reforma constitucional en España. Un ensayo de Derecho constitucional como ciencia teórico-práctica*, Andavira Editora, Santiago de Compostela, 2016.

Fossas Espadaler, Enric: "El principio dispositivo en el Estado autonómico", en *RDP*, núm. 71-72, enero-agosto 2008, pp. 151-173.

García Isidro, Mauricio: "Hacia el Estatuto leonés" en *Heraldo De Zamora*, 13 de mayo de 1936, y en *El Adelanto*, 9 de mayo de 1936.

García Morales, María Jesús: "Artículo 145", en Saiz Arnáiz, Alejandro/Pérez Tremps, Pablo (dirs.)/Montesinos Padilla, Carmen (coord.): *Comentario a la Constitución Española. Libro-Homenaje a Luis López Guerra. 2 Tomos 40 Aniversario 1978-2018,* Tirant lo Blanch, Valencia, 2018, pp. 1995-2003.

García Roca, Javier: *Contribución al estudio de la forma territorial del Estado español,* E-Prints Complutense, 2015.

González Clavero, Mariano: *Fuerzas políticas en el proceso autonómico de Castilla y León,* Biblioteca Virtual Miguel de Cervantes, Alicante, 2004.

González García, Ignacio: "La revisión del artículo 145 CE en el contexto de una reforma federal de la Constitución" en *RDP*, núm. 103, septiembre-diciembre 2018, pp. 117-153.

Gónzalez Pascual, Maribel: "Artículo 148", en Saiz Arnáiz, Alejandro/Pérez Tremps, Pablo (dirs.)/Montesinos Padilla, Carmen (coord.): *Comentario a la Constitución Española. Libro-Homenaje a Luis López Guerra. 2 Tomos 40 Aniversario 1978-2018,* Tirant lo Blanch, Valencia, 2018, pp. 2035-2037.

González-Trevijano, Pedro: "La incuestionable trascendencia de los Preámbulos constitucionales", en Sánchez Navarro, Ángel J.: *Constitución y desarrollo político. Estudios en Homenaje al Profesor Jorge de Esteban,* Tirant lo Blanch, Valencia, 2013, pp. 1221-1245.

Jiménez Alemán, Ángel Aday: "Artículo 143", en Saiz Arnáiz, Alejandro/Pérez Tremps, Pablo (dirs.)/Montesinos Padilla, Carmen (coord.): *Comentario a la Constitución Española. Libro-Homenaje a Luis López Guerra. 2 Tomos 40 Aniversario 1978-2018,* Tirant lo Blanch, Valencia, 2018, pp. 1975-1984.

_____: "Artículo 144", en Saiz Arnáiz, Alejandro/Pérez Tremps, Pablo (dirs.)/Montesinos Padilla, Carmen (coord.): *Comentario a la Constitución Española. Libro-Homenaje a Luis López Guerra. 2 Tomos 40 Aniversario 1978-2018,* Tirant lo Blanch, Valencia, 2018, pp. 1984-1993.

_____: "Disposición Transitoria Primera" en Saiz Arnáiz, Alejandro/Pérez Tremps, Pablo (dirs.)/Montesinos Padilla, Carmen (coord.): *Comentario a la Constitución Española. Libro-Homenaje a Luis López Guerra. 2 Tomos 40 Aniversario 1978-2018,* Tirant lo Blanch, Valencia, 2018, pp. 2343-2345.

López Rubio, Daniel: "El referéndum autonómico", en *Eunomía. Revista en Cultura de la Legalidad,* núm. 12, abril-septiembre 2017, pp. 115-130.

Martínez Pérez, David: "La problemática autonomía de León. Sobre los movimientos sociales en la transición democrática y los límites de la recuperada democracia", en Quirosa-Cheyrouze Muñoz, Rafael/Fernández Amador, Mónica (coords.): *Sociedad y movimientos sociales,* Instituto de Estudios Almerienses, Diputación de Almería, Almería, 2009, pp. 1033-1050.

Murillo de la Cueva, Enrique Lucas: "Disposición Adicional Primera" en Saiz Arnáiz, Alejandro/Pérez Tremps, Pablo (dirs.)/Montesinos Padilla, Carmen (coord.): *Comentario a la Constitución Española. Libro-Homenaje a Luis López Guerra. 2 Tomos 40 Aniversario 1978-2018,* Tirant lo Blanch, Valencia, 2018, pp. 2311-2320.

Olcina Cantos, Jorge/Farinós Dasí, Joaquín: "Revisión de propuestas de clasificación y organización territorial de España: El papel de la geografía regional", en Olcina Cantos, Jorge/Farinós Dasí, Joaquín (eds. y coords.): *Geografía regional de España. Espacio y comunidades. Bases para una regionalización renovada del territorio español*, Tirant humanidades, Valencia, 2017, pp. 81-144.

Oliver Araujo, Joan: "Proyectos de reforma para un modelo territorial agotado", en Ruíz-Rico Ruíz, Gerardo/Porras Nadales, Antonio/Revenga Sánchez, Miguel (coords.): *Regeneración democrática y reforma constitucional,* Tirant lo Blanch, Valencia, 2017, pp. 267-303.

Ordás, Sabino: "Prólogo: A propósito de cenizas", en Bartolomé Pérez, Nicolás (coord.): *Región Leonesa: La 18ª Comunidad Autónoma Española*, Lobo Sapiens, León, 2020, pp. 11-17.

Otero Varela, Alejandro/Trillo Santamaría, Juan Manuel/Vila-Lage, Roberto: "¿Región Leonesa o la reivindicación de la «España vacía»? Una discusión urgente acerca del Lexit", en *Espacios rurales y retos demográficos. Una mirada desde los territorios de la despoblación*, COLORURAL 2020, Madrid, 2020, pp. 337-352.

Otero Varela, Alejandro/Trillo Santamaría, Juan Manuel/Vila-Lage, Roberto/ Paül, Valeria: "¿Hacia una comunidad autónoma leonesa? Una interpretación urgente del Lexit de inicios de 2020 desde la perspectiva de la Nueva Geografía Regional", en *Scripta Nova. Revista Electrónica de Geografía y Ciencias Sociales,* vol. 25 núm. 3, 2021, pp. 165-193.

Pérez Sola, Nicolás: "La competencia exclusiva de las Comunidades Autónomas en materia de consultas populares" en *UNED. TRC,* núm. 24, 2009, pp. 433-454.

Prieto Arroyo, José Luis: "Las razones de Estado del asunto leonés" en Bartolomé Pérez, Nicolás (coord.): *Región Leonesa: La 18ª Comunidad Autónoma Española*, Lobo Sapiens, León, 2020, pp. 169-201.

Requejo Rodríguez, Paloma: "Ceuta y Melilla ¿Ciudades con estatuto de autonomía o Comunidades Autónomas con estatuto de heteroorganización?" en *REALA,* núm. 277, 1998, pp. 55-70.

Román Marugán, Paloma: "Los sistemas de partidos de las Comunidades Autónomas", en Ferri Durá, Jaime (dir.): *Política y Gobierno en el Estado Autonómico,* Tirant lo Blanch, Valencia, 2013, pp. 311-333.

Rubio Llorente, Francisco: "El bloque de constitucionalidad", en *Revista Española de Derecho Constitucional,* núm. 27, Septiembre-Diciembre 1989, pp. 9-37.

Ruipérez Alamillo, Javier: "Problemas en la determinación territorial de las Comunidades Autónomas: el caso de Castilla y León", en: *REP*, núm. 56. Abril-Junio 1987, pp. 159-179.

Ruíz-Rico Ruíz, Gerardo: "Hacia una reforma del modelo territorial", en Ruíz-Rico Ruíz, Gerardo/Porras Nadales, Antonio/Revenga Sánchez, Miguel (coords.): *Regeneración democrática y reforma constitucional,* Tirant lo Blanch, Valencia, 2017, pp. 257-266.

_____: "Artículo 151", en Saiz Arnáiz, Alejandro/Pérez Tremps, Pablo (dirs.)/Montesinos Padilla, Carmen (coord.): *Comentario a la Constitución Española. Libro-Homenaje a Luis López Guerra. 2 Tomos 40 Aniversario 1978-2018,* Tirant lo Blanch, Valencia, 2018, pp. 2061-2071.

Salgado Fuentes, Carlos Javier: *La evolución de la identidad regional en los territorios del Antiguo Reino de León (Salamanca, Zamora, León),* Editorial Universidad de Salamanca, Salamanca, 2016.

_____: *La cuestión económica de la Región Leonesa,* Editorial Cultural Norte, San Andrés del Rabanedo, 2019.

_____: «Análisis socioeconómico de la Región Leonesa dentro de la Autonomía de Castilla y León (1983-2019)", en Bartolomé Pérez, Nicolás (coord.): *Región Leonesa: La 18ª Comunidad Autónoma Española*, Lobo Sapiens, León, 2020, pp. 23-38.

Sánchez Amor, Ignacio: "Artículo 146. Los sujetos estatuyentes y el espectral carácter paccionado de los estatutos ordinarios", en Saiz Arnáiz, Alejandro/Pérez Tremps, Pablo (dirs.)/Montesinos Padilla, Carmen (coord.): *Comentario a la Constitución Española. Libro-Homenaje a Luis López Guerra. 2 Tomos 40 Aniversario 1978-2018*, Tirant lo Blanch, Valencia, 2018, pp. 2005-2017.

_____: "Artículo 147. El desbordamiento material de los Estatutos de autonomía", en Saiz Arnáiz, Alejandro/Pérez Tremps, Pablo (dirs.)/Montesinos Padilla, Carmen (coord.): *Comentario a la Constitución Española. Libro-Homenaje a Luis López Guerra. 2 Tomos 40 Aniversario 1978-2018*, Tirant lo Blanch, Valencia, 2018, pp. 2019-2034.

Seijas Villadangos, María Esther: "Federalismo resiliente: Vanguardia y retaguardia de una nueva organización territorial del Estado español", en Ruíz-Rico Ruíz, Gerardo/Porras Nadales, Antonio/Revenga Sánchez, Miguel (coords.): *Regeneración democrática y reforma constitucional*, Tirant lo Blanch, Valencia, 2017, pp. 305-345.

_____: "Referéndum y Consultas Populares en los nuevos Estatutos de Autonomía" en Sáenz Royo, Eva/Contreras Casado, Manuel (eds.): *La participación política directa. Referéndum y Consultas Populares*, Comuniter Editorial, Zaragoza, 2013, pp. 131-171.

Tornos Mas, Joaquín: "Artículo 137" en Saiz Arnáiz, Alejandro/Pérez Tremps, Pablo (dirs.)/Montesinos Padilla, Carmen (coord.): *Comentario a la Constitución Española. Libro-Homenaje a Luis López Guerra. 2 Tomos 40 Aniversario 1978-2018*, Tirant lo Blanch, Valencia, 2018, pp. 1897-1910.

Ugartemendia Eceizabarrena, Juan Ignacio: "Disposición Transitoria Cuarta", en Saiz Arnáiz, Alejandro/Pérez Tremps, Pablo (dirs.)/Montesinos Padilla, Carmen (coord.): *Comentario a la Constitución*

Española. Libro-Homenaje a Luis López Guerra. 2 Tomos 40 Aniversario 1978-2018, Tirant lo Blanch, Valencia, 2018, pp. 2351-2360.

SITIOS WEB CONSULTADOS:

ABC: *UPL registra su enmienda a la totalidad a la reforma del Estatuto para que se reconozca la «birregionalidad»,* publicado el 12/06/2006 (consultado el 18/11/2019) en el siguiente enlace: https://www.abc.es/espana/castilla-leon/abci-registra-enmienda-totalidad-reforma-estatuto-para-reconozca-birregionalidad-200610120300-1423727046377_noticia.html

Biblioteca CUNEF: *Diccionario de abreviaturas y siglas utilizadas en libros jurídicos españoles,* publicado el s.f. (consultado el 17/12/2019) en el siguiente enlace: http://biblioteca.cunef.edu/files/docs/abreviaturaslegislacion.pdf

Caballero, Álvaro/Infiesta, Pilar: *La moción por la autonomía leonesa ya suma al 35% de la población provincial,* publicado el 8/2/2020 (consultado el 10/2/2020) en el siguiente enlace: https://www.diariodeleon.es/articulo/leon/mocion-autonomia-leonesa-suma-35-poblacion-provincial/202002080232291984575.html

Caraballo, Javier: *Clavero Arévalo: "Sigo pensando lo mismo. Mejor café para todos que para uno solo",* publicado el 7/11/2015 (consultado el 08/12/2019) en el siguiente enlace: https://www.elconfidencial.com/espana/2015-11-07/clavero-arevalo-sigo-pensando-lo-mismo-mejor-cafe-para-todos-que-para-uno-solo_1086738/

Castaño, Rebeca: *Benavente acoge la III jornadas sobre Región Leonesa este sábado organizado por Juventudes Socialistas,* publicado el 19/07/2019 (consultado el 19/11/2019) en el siguiente enlace: https://interbenavente.es/art/33107/benavente-acoge-la-iii-jornadas-sobre-region-leonesa-este-sabado-organizado-por-juventudes-socialistas

Chao Prieto, Ricardo/González, Miguel Ángel: *La trastienda de la etapa contemporánea de León,* publicado el 5/10/2006 (consultado el 19/12/2019) en el siguiente enlace: http://corazonleon.

blogspot.com/2006/10/la-trastienda-de-la-etapa-contempornea.html

_____, *Una ojeada a León desde la cartografía histórica,* publicado el 3/07/2006 (consultado el 19/12/2019) en el siguiente enlace: http://corazonleon.blogspot.com/2006/07/una-ojeada-len-desde-la-cartografa.html

Conesa, Ginés: *Cuando Murcia dejó de ser dos,* publicado el 7/12/2018 (consultado el 21/12/2019) en el siguiente enlace: https://www.laverdad.es/40-aniversario-constitucion/regiondemurcia/murcia-dejo-20181204122752-nt.html

Diego Núñez, Miguel Ángel: *TRIBUNA | La deculturación de un pueblo,* publicado el 7/7/2019 (consultado el 14/11/2019) en el siguiente enlace: https://www.diariodeleon.es/articulo/opinion/la-deculturacion-de-un-pueblo/20190707040001903930.amp.html#

EL PAÍS: *Entrevista con Rodolfo Martín Villa* publicado el 18/06/2002 (consultado el 13/01/2020) en el siguiente enlace: https://elpais.com/politica/2002/06/18/actualidad/1024399800_1024400293.html

ELECTOMANÍA: *[ELECTOPANEL ESPECIAL] Los ciudadanos ven bien discutir la moción de UPL para la creación de la 'Región Leonesa'. División en Castilla y León* publicado el 5/01/2020 (consultado el 6/01/2020) en el siguiente enlace: https://electomania.es/epregionleonesa/

EUROPA PRESS: *Mañueco dice que a quien quiera separar León que «ya sabe qué hacer»: convencer a dos tercios de las Cortes,* publicado el 12/02/2020 (consultado el 13/02/2020) en el siguiente enlace: https://www.leonoticias.com/leon/manueco-quiera-modificar-20200212143751-nt.html

Fanjul, Cristina: *León, la autonomía 18*, publicado el 05/03/2022 (consultado el 05/03/2022) en el siguiente enlace: https://www.diariodeleon.es/articulo/revista/probabilidad-autonomia-18/20220305183842198416.html

IGN: *España. Mapas político-administrativos. 1995,* publicado en s.f. (consultado el 03/01/2020) en el siguiente enlace: https://www.ign.es/web/catalogo-cartoteca/resources/html/016229.html

_____: *España. Jurisdicción administrativa. 1950,* publicado en s.f. (consultado el 03/01/2020) en el siguiente enlace: https://www.ign.es/web/catalogo-cartoteca/resources/html/003095.html

INE (FONDO DOCUMENTAL): *Desarrollo de los límites y posición geográfica de las regiones y provincias,* publicado en el Anuario de 1982 (consultado el 29/11/2019) en el siguiente enlace: https://www.ine.es/inebaseweb/pdfDispacher.do?td=132732&ext=.pdf

_____: *Población de hecho y densidad, por regiones históricas (Península e Islas Baleares y Canarias),* publicado en el Anuario de 1982 (consultado el 29/11/2019) en el siguiente enlace: https://www.ine.es/inebaseweb/pdfDispacher.do?td=132780&ext=.pdf

JARIQUE: *La Transición en Murcia. La cuestión territorial en Albacete,* publicado el 3/07/2006 (consultado el 19/12/2019) en el siguiente enlace: http://www.jarique.com/territ_albacete_causas.htm

LEONOTICIAS: *La Juventudes Socialistas apoyan la autonomía leonesa y piden al PSOE «valentía»,* publicado el 13/12/2023 (consultado el 14/12/2023) en el siguiente enlace: https://www.leonoticias.com/leon/juventudes-socialistas-apoyan-autonomia-leonesa-piden-psoe-20231213092401-nt.html

Lugilde, Anxo: *León clama contra su marginación y demanda un 'Lexit' con Castilla,* publicado el 17/02/2020 (consultado el 17/02/2020) en el siguiente enlace: https://www.lavanguardia.com/politica/20200217/473621753461/leon-auutonomia.html

Merino, José María/Aparicio, Juan Pedro/ Escapa, Ernesto/Gutiérrez, José Luis/Díez, Luis Mateo: *La autonomía leonesa: entre el desconcierto y lo inevitable,* publicado el 03/11/1979 (consultado el 19/11/2019) en el siguiente enlace: https://elpais.com/diario/1979/11/03/espana/310431607_850215.html

Ordóñez, Luis: *La comunidad asturleonesa, la autonomía alternativa que nunca existió,* publicado el 28/11/2019 (consultado el 15/12/2019) en el siguiente enlace: https://www.lavozdeasturias.es/noticia/asturias/2019/11/28/comunidad-asturleonesa/00031574958962480184989.htm#comments

Rosales Fernández, Álvaro: *¿León sin Castilla?* publicado el 04/02/2022 (consultado el 04/02/2022) en el siguiente enlace: https://www.lavanguardia.com/participacion/cartas/20220204/8031081/leon-castilla.html

Vega, Antonio/López de Uribe, Jesús María: *Una gran mayoría de votantes de PSOE, UPL, Unidas Podemos y Ciudadanos apoyan la autonomía para León,* publicado el 09/01/2020 (consultado el 10/01/2020) en el siguiente enlace: https://www.ileon.com/actualidad/104335/una-gran-mayoria-de-votantes-de-psoe-upl-unidas-podemos-y-ciudadanos-apoyan-la-autonomia-para-leon

JURISPRUDENCIA CONSULTADA:

- STC 4/1981, de 2 de febrero (ECLI:ES:TC:1981:4)

- STC 10/1982, de 23 de marzo (ECLI:ES:TC:1982:10)

- STC 76/1983, de 5 de agosto (ECLI:ES:TC:1983:76)

- STC 16/1984, de 6 de febrero (ECLI:ES:TC:1984:16)

- STC 89/1984, de 28 de septiembre (ECLI:ES:TC:1984:89)

- STC 100/1984, de 8 de noviembre (ECLI:ES:TC:1984:100)

- STC 66/1985, de 23 de mayo (ECLI:ES:TC:1985:66)

- STC 99/1986, de 11 de julio (ECLI:ES:TC:1986:99)

- STC 103/2008, de 11 de septiembre (ECLI:ES:TC:2008:103)

- STC 42/2014, de 25 de marzo (ECLI:ES:TC:2014:42)

LEGISLACIÓN, DICTÁMENES E INFORMES CONSULTADOS:

- Constitución Española de 1978

- Constitución de la República Española de 1931

- Dictamen del Consejo de Estado 793/2017, emitido el 7 de septiembre de 2017.

- Informe sobre modificaciones de la Constitución Española del Consejo de Estado, núm. E1/2005, aprobado el 16 de febrero de 2006

- Instrumento de Ratificación del Acuerdo entre el Estado Español y la Confederación Suiza sobre la protección de indicaciones de procedencia, denominaciones de origen y otras denominaciones similares, hecho en Berna el 9 de abril de 1974. BOE núm. 66, de 17 de marzo de 1976, pp. 5463 a 5477

- Instrumento de Ratificación de España del Acuerdo entre el Estado Español y la República de Austria sobre la protección de indicaciones de procedencia y denominaciones de origen y otras denominaciones de productos agrarios e industriales y Protocolo anejo, firmado en Viena el 3 de mayo de 1976. BOE núm. 303, de 20 de diciembre de 1977, pp. 27730 a 27733

- Instrumento de 17 de febrero de 1976 de ratificación del Acuerdo entre el Estado Español y la República Italiana sobre la protección de indicaciones de procedencia, denominaciones de origen y denominaciones de ciertos productos, firmado en Madrid el 9 de abril de 1975. BOE núm. 301, de 16 de diciembre de 1980, pp. 27701 a 27709

- Ley 7/1985, de 2 de abril, Reguladora de las Bases del Régimen Local

- Ley Orgánica 2/1979, de 3 de octubre, del Tribunal Constitucional

- Ley Orgánica 3/1979, de 18 de diciembre, de Estatuto de Autonomía para el País Vasco

- Ley Orgánica 2/1980, de 18 de enero, sobre regulación de las distintas modalidades de referéndum

- Ley Orgánica 12/1980, de 16 de diciembre, de modificación del párrafo cuarto del artículo octavo de la Ley Orgánica reguladora de las distintas modalidades de referéndum

- Ley Orgánica 13/1980, de 16 de diciembre, de sustitución en la provincia de Almería de la iniciativa autonómica

- Ley Orgánica 7/1981, de 30 de diciembre, de Estatuto de Autonomía para Asturias

- Ley Orgánica 8/1981, de 30 de diciembre, de Estatuto de Autonomía para Cantabria

- Ley Orgánica 3/1982, de 9 de junio, de Estatuto de Autonomía de La Rioja

- Ley Orgánica 4/1982, de 9 de junio, de Estatuto de Autonomía para la Región de Murcia

- Ley Orgánica 6/1982, de 7 de julio, por la que se autoriza la constitución de la Comunidad Autónoma de Madrid

- Ley Orgánica 13/1982, de 10 de agosto, de Reintegración y Amejoramiento del Régimen Foral de Navarra

- Ley Orgánica 4/1983, de 25 de febrero, de Estatuto de Autonomía de Castilla-León

- Ley Orgánica 5/1983, de 1 de marzo, por la que se aplica el artículo 144, c), de la Constitución a la provincia de Segovia

- Ley Orgánica 2/2007, de 19 de marzo, de reforma del Estatuto de Autonomía para Andalucía

- Ley Orgánica 5/2007, de 20 de abril, de reforma del Estatuto de Autonomía de Aragón

- Ley Orgánica 14/2007, de 30 de noviembre, de reforma del Estatuto de Autonomía de Castilla y León

- Ley Orgánica de Armonización del Proceso Autonómico (proyecto derogado parcialmente por la STC 76/1983)

- Ley Orgánica del Tribunal de Garantías Constitucionales de 14 de junio de 1933

- Real Decreto-ley 20/1978, de 13 de junio, por el que se aprueba el régimen preautonómico para Castilla y León

- Real Decreto de 30 de Noviembre de 1833, Artículo de Oficio. Gaceta de Madrid, núm. 154, de 3 de diciembre de 1833, pp. 657-658

- Real Decreto de 21 de Septiembre de 1927, núm. 1586. Gaceta de Madrid, núm. 266, de 23 de septiembre de 1927, pp. 1659-1660

ANEXO I.

HACIA EL ESTATUTO LEONÉS

ANEXO I: HACIA EL ESTATUTO LEONÉS

"NO PUEDE SER INDIFERENTE a las tres provincias, León, Zamora y Salamanca, limítrofes, con características históricas, culturales y económicas comunes, como dice el artículo 11 de la Constitución, el hecho de que en Caspe se hayan reunido los representantes de la región aragonesa, para pedir la concesión del Estatuto, que con las de Cataluña ya en marcha, Vascongadas presentado a las Cortes, Valencia en gestión y Galicia en proyecto, desharán el mapa de España dejándonos a los castellanos (en el más amplio sentido de la palabra) en situación de inferioridad, tanto política como económica.

En este momento la sola existencia del Estatuto catalán, ha producido al trigo de Castilla, un enormísimo trastorno, causa, en un 40 por ciento, de la atonía funesta que se nota en el mercado. Cataluña compraba el trigo de nuestra región, y desde hace cuatro años apenas llega al centenar de vagones anuales a las estaciones de Barcelona, ya que esta plaza, apoyada por el Gobierno de la Generalidad, se provee, en forma que no hace al caso, de primeras materias extranjeras que entran como piensos y harinas inferiores, para inundar a bajo precio Aragón, la Rioja y Navarra, haciendo una competencia ruinosa a las harinas castellanas.

Los catalanes pueden desempeñar cualquier cargo en las otras regiones de España. Los castellanos, andaluces, etc., es inútil que intenten actuar como Registradores, Notarios, Jueces o Magistrados en Cataluña, pues prácticamente su vida se le hace imposible en aquella región que tiene por lema "Cataluña para los catalanes". Nosotros no podemos ser diputados en el Parlamento catalán, ni pertenecer a su Gobierno, ni influir en su política; pero ellos, no solamente actúan en la política española, sino que se la arreglan de tal manera, que sus votos en las Cortes sean decisivos, y cobran su ayuda en términos que resultan onerosos para la nación.

La multiplicidad de los Estatutos, necesariamente ha de producir un aumento considerable en las dificultades económicas que ya padecen las regiones castellanas, puesto que la única manera de defenderse es acudir al mismo procedimiento, hora es ya que nos ocupemos de nuestro porvenir, y todos unidos hagamos uso del derecho que nos concede la Constitución de la República en su artículo 11 y desarrolla en el 12 acordando la organización en región autónoma, para formar un núcleo político administrativo, dentro del Estado español, recabando para sí, en la medida que se estime más adecuada a nuestras posibilidades, las atribuciones que se determinan en los artículos 15, 16 y 18 del Código fundamental, a cuyo fin se requieren las siguientes condiciones:

a. Que lo proponga la mayoría de sus ayuntamientos, o cuando menos, aquellos cuyos municipios comprenden las dos terceras partes del censo electoral de la región.

b. Que lo acepten, por el procedimiento que señala la Ley Electoral, por lo menos las dos terceras partes de los electores inscritos en el censo de la región.

c. Que lo aprueben las Cortes.

Estas provincias, que formaron el antiguo y glorioso reino de León, están en condiciones magníficas para solicitar el Estatuto y defender sus productos de la codicia industrial de regiones que las consideran como colonias a explotar. Somos consumidores de la mayor parte de artículos manufacturados. Producimos trigo en abundancia, piensos, ganado, etc., y con el Estatuto podríamos organizar nuestra economía en términos tales que, a cambio del pescado, conservas, tejidos en sus distintas manifestaciones, que no se produzcan en Béjar, etcétera, podríamos imponer la adquisición de nuestro trigo sobrante, organizando la región de manera eficaz para paliar en lo factible el paro forzoso, cuya desaparición total es imposible en terrenos que se cultivan a base de secano, por las épocas en que no cabe la realización útil de faenas agrícolas.

El proyecto de Estatuto no es una utopía. Constituye el grito de alarma que amenaza la economía de las regiones centrales por la asfixia que les ha de producir el cinturón de las regiones autónomas que se van definiendo en la periferia de la nación y, al paso de tal peligro, hay que salir apelando a los hombres de buena voluntad que, independientemente de todo matiz político, tengan cariño a la patria chica y sepan y quieran defender con entusiasmo lo poco que va quedando del solar castellano que fue base de la unidad de España y que tendrá que defender su espíritu glorioso a base de ese arma de desunión que comenzaron a esgrimir los catalanes y que enloquece a sus vecinos, forzándonos a emplearla por aquello de que: Similia similibus curántur.

Quizá a los espíritus superficiales parezca esta propuesta una humorada. No están los tiempos para eso; por el contrario, al Estatuto leonés debemos ir rapidísimamente, convocándose a la mayor brevedad una reunión preparatoria en la que colaboremos todos los que, cerca o lejos, llevamos a Castilla y a sus intereses muy cerca del corazón".

ANEXO II.

MOCIÓN POR LA AUTONOMÍA LEONESA
PRESENTADA EN EL AYUNTAMIENTO DE LEÓN
(APROBADA EL 27 DE DICIEMBRE DE 2019)

UNIÓN DEL PUEBLO LEONÉS
CIF: G24064180

AL PLENO DEL EXMO. AYUNTAMIENTO DE LEÓN

EDUARDO LÓPEZ SENDINO, Portavoz del Grupo Político Unión del Pueblo Leonés en el Ayuntamiento de León, de conformidad con la legislación sobre régimen local vigente, presentan para su debate y, en su caso, posterior aprobación por el Pleno Municipal, la siguiente

MOCIÓN

PRIMERO. A raíz de la promulgación de la Constitución Española, el proceso autonómico —una vez consideradas las denominadas nacionalidades históricas como Cataluña, País Vasco o Galicia-, se configuró, en muchas ocasiones, al capricho y veleidad de los políticos de turno, como aconteció con Murcia, Logroño o Santander, sin tener en consideración el derecho de otras regiones históricas como la Región Leonesa, que fue incluida con parte de la Región de Castilla la Vieja sin mayor justificación que conformar una autonomía enorme en el centro del Estado, que contrarrestara los nacionalismos existentes en ese momento. Bajo estos argumentos, se diseñó una autonomía híbrida e injustificable desde cualquier consideración identitaria, histórica, cultural, social, administrativa y política. Razones de estado nunca explicitadas y en contraposición a los deseos de los leoneses, llevaron a la constitución de una Comunidad Autónoma denominada Castilla y León, que es once veces mayor en extensión que la media de las regiones europeas, mayor que muchos países centroeuropeos y más extensa que nuestro país vecino, Portugal. Así configurada, y debido a las políticas centralistas llevadas a cabo desde la Junta de Castilla y León que obviando al propio Estatuto de Autonomía en cuestión de descentralización de sedes, competencias y funciones, la Comunidad se ha visto abocada a los increíbles fenómenos de concentración y centralización más absolutos en Valladolid.

UNIÓN DEL
PUEBLO LEONÉS
CIF: G24064180

SEGUNDO. Todos estos años de funcionamiento de la Comunidad Autónoma y Estatuto de Autonomía que padece nuestra región, han puesto de manifiesto el hecho estadístico e irrefutable del desequilibrio interterritorial dentro de la propia Comunidad, resultado especialmente perjudicada la Región Leonesa, tanto desde el punto de vista político como económico, cultural e incluso de pervivencia de la propia identidad leonesa.

TERCERO. Políticas activas de los sucesivos gobiernos de la Comunidad Autónoma que hemos padecido desde su constitución, han pretendido la desnaturalización de la identidad leonesa y la confusión entre lo leonés y lo castellano, hasta el punto de que se han llegado a crear fundaciones —Fundación Villalar-, dedicadas a crear una identidad ficticia desde las instituciones -la castellanoleonesa- como recogen sus propios Estatutos en el artículo 5, y a imponer la localidad de Villalar de los Comuneros como depositaria histórica de los valores identitarios de Castilla y de León, eludiendo mencionar que la Región Leonesa nunca ha sentido como identitaria la lucha comunera, solo valorizada en Castilla la Vieja. Esto determina un agravio más hacia nuestra región, incluida de forma absurda en una Comunidad que se ha formado sin la concurrencia ni la voluntad explícita de los ciudadanos y ciudadanas de ambas regiones.

CUARTO. El problema se convierte en extremadamente grave, solo comparable al momento político de la integración de la Región Leonesa en esta Comunidad a la que indebidamente pertenece, cuando se ha planteado por algún partido político, la introducción en el texto constitucional del nombre de las 17 Comunidades Autónomas que componen el Estado, lo que implicaría una reforma constitucional para la obtención de la autonomía, cuestión que hoy podría resolverse en el ámbito de una reforma del propio Estatuto de Autonomía o con una simple Ley Orgánica en el Parlamento Nacional Español, constituyendo la Comunidad Autónoma de la Región Leonesa. Esto es posible con base en la propia Constitución, cuyo artículo 143 establece en su apartado 1 que «en el ejercicio del derecho a la Autonomía

UNIÓN DEL
PUEBLO LEONÉS
CIF: G24064180

reconocido en el art. 2 de la Constitución, las provincias limítrofes con características históricas, culturales y económicas comunes, los territorios insulares y las provincias con entidad regional histórica podrán acceder a su autogobierno y constituirse en Comunidades Autónomas con arreglo a lo previsto en este Título y en los respectivos Estatutos».

QUINTO. La existencia de la identidad leonesa se remonta a la etapa altomedieval cuando los avatares históricos dieron lugar a la creación del Reino de León y han pervivido durante más de mil años los emblemas que representan al reino y a sus pobladores, que están presentes desde siempre en la Historia de España como atestigua su presencia entre los cuatro reinos fundacionales del Escudo de España. Por tanto, ninguna comunidad autónoma actual puede afirmar que en el momento de la constitución de las comunidades autónomas, hubiera regiones con más méritos —quizás iguales pero nunca superiores-, que la leonesa para su reconocimiento como Comunidad y solo las decisiones políticas nos hicieron perder este derecho Constitucional.

SEXTO. La reforma que ahora se plantea ha de ser refrendada por el Parlamento Nacional a través de una Ley Orgánica, es el momento de ejercitar o no el derecho constitucional a la autonomía de León. No caben justificaciones de partido para no abordar la cuestión, lo que divide a las fuerzas políticas en dos: Las que a través de la reforma del Estatuto quieren reintegrar y consagrar las razones de estado y las que, con amparo constitucional, solicitamos, exigimos y advertimos que este es el momento, el único momento para la constitución de la autonomía leonesa.

Tampoco valen alternativas que cambian Castilla y León por León y Castilla y que lo único que cambian en el fondo es la enseña, en vez de castillo león, león castillo; león castillo, castillo león, eso tampoco vale

UNIÓN DEL
PUEBLO LEONÉS
CIF: G24064180

Por lo expuesto, Solicitamos:

Que el Pleno adopte los siguientes acuerdos, que harían viable una autonomía para León.

A) Remitir al órgano legislativo autonómico el posicionamiento de este plenario en cuanto a que la Región Leonesa tiene derecho a constituirse en comunidad autónoma instando a las Cortes autonómicas a iniciar los trámites para la consecución de la autonomía de la Región Leonesa de las tres provincias que lo conforman León, Zamora y Salamanca.

B) Remitir a las Cortes Generales del Estado este posicionamiento y la necesidad de revertir la actual situación de agravio con la Región Leonesa al ser la única región histórica de España que no es autonomía, con aprobación en el Congreso y en el Senado de la creación de la Comunidad Autónoma de la Región Leonesa y la creación de cuantas instituciones en el ámbito legislativo, ejecutivo y jurisdiccional que puedan ser perceptoras de todas aquellas delegaciones de competencias y funciones como consecuencia de las transferencias de las mismas a la nueva Comunidad Autónoma de la Región Leonesa.

En León, a 26 de noviembre de 2019

Fdo. Eduardo López Sendino

ANEXO III.

RECONOCIMIENTO A LA VIGENCIA DE LA REGIÓN LEONESA POR PARTE DEL GOBIERNO

SENADO
XII LEGISLATURA
REGISTRO GENERAL
ENTRADA 118.002
09/07/2018 14:15

SECRETARIA DE ESTADO DE
RELACIONES CON LAS CORTES

RESPUESTA DEL GOBIERNO

689) SOLICITUD DE INFORME AL AMPARO DEL ARTÍCULO 20.2

689/3750   **10/04/2018**   **104644**

AUTOR/A: MULET GARCÍA, Carles (GMX)

RESPUESTA:

En relación con la solicitud formulada respecto a los bienes procedentes de la Región Leonesa (incluye las provincias de Salamanca, Zamora y León), se informa que ni el Instituto de Crédito Oficial (ICO), la Fundación ICO tienen bien alguno, expuestos, en depósito o en propiedad.

La Agencia Estatal Consejo Superior de Investigaciones Científicas (CSIC), detalla los siguientes bienes:

. Jardín Botánico:

O   Herbario: El herbario de plantas vasculares incluye unos 18.700 ejemplares de la Región Leonesa y el de Criptogamia incluye alrededor de 5.000 muestras de hongos, líquenes, musgos, hepáticas y algas de la citada región. Estos materiales son el producto de recolecciones propias financiadas por proyectos de investigación, habiendo algunas que han ingresado como intercambio con otras instituciones.

O   Archivo: Vistos todos los fondos del archivo, el Real Jardín Botánico sólo tiene documentación relacionada en el Fondo Javier de Winthuysen, que se compone de dibujos y documentos de dos proyectos de jardines en Ciudad Rodrigo y las Salesas de Zamora que realizó Winthuysen como paisajista particular y que fueron donados al Real Jardín Botánico por la familia Winthuysen.

. Museo de Ciencias: En las colecciones del Museo Nacional de Ciencias Naturales existen 29.527 ejemplares perteneciente a Región Leonesa. De estos ejemplares, en la colección de tejidos hay 1.121 tejidos de diferentes individuos, 1.214 ejemplares se encuentran en la colección de Mamíferos, 956 en la colección de Aves, 4.210 en la colección de Herpetología, 7.540 en la de Ictiología, 8.166 en la de Entomología, 633

en la de Artrópodos, 1.268 en la de Malacología, 31 lotes en la de Invertebrados no artrópodos, 2.874 minerales en la colección de Geología, 1.280 fósiles en la colección de Paleoinvertebrados y Paleobotánica y 233 fósiles en la colección de Paleontología de vertebrados. Además, existen 1.060 documentos de estas provincias en el archivo del Museo Nacional de Ciencias Naturales. Muchos de estos registros se encuentran informatizados en la Global Biodiversity Information Facility (http://www.gbif.es/)

En el **anexo** adjunto se detallan las colecciones del Instituto Geológico y Minero de España (IGME), existentes en el Museo Geominero, como los fósiles, minerales y rocas, pertenecientes a la Región Leonesa.

Finalmente, en el archivo del Museo de la Fundación Española para la Ciencia y la Tecnología (FECYT) no consta el ingreso de ninguna colección o piezas procedentes de instituciones o centros de la Región Leonesa.

No obstante, se ha podido localizar una pieza ingresada por compra a un particular en el año 1992 en la que es posible establecer una vinculación con Salamanca a través de la inscripción que aparece en el soporte. Se trata de un "estuche de trepanación" en el que figura el siguiente texto: "año de»; «1780» / «Manuel»/ «Rodríguez»/ «Sal.Ca».

En el caso de la "Máquina de Wimshurst de ocho discos", que no es colección del Museo sino que forma parte del depósito de instrumental procedente de la Facultad de Físicas de la Universidad Complutense de Madrid, se señala que en una placa sobre una de las piezas de madera que sujetan el conjunto de los discos,, aparece la inscripción: «La Centella» / «del profesor E. Cuadrado» / «Zamora» / «Nº 99» / «1901 «.

Madrid, 09 de julio de 2018

2-3-4